会計学のイデオロギー分析

中 村 恒 彦 著

東京 森山書店 発行

序　文

　本書は，Eagletonのイデオロギー論にしたがって，批判会計学（とくに上部構造論）と呼ばれた学説群を整理するとともに，そこから引き継がれるべきイデオロギー論を検討するものである。その過程は，批判会計学の学説群のためであると同時に，歴史的経路依存性と呼ばれる現象を再検討することでもある。なぜならば，かつて疎外と呼ばれたものは経路依存性とかなり関わりもっているからである。

　簡潔に言えば，ソレはルールやキマリが一人歩きすることである。当初は，関係するモノが意図的にルールやキマリを作り上げたものであっても，いつのまにか関係するモノのコントロールを離れ，逆に関係するモノをコントロールしてしまう。それは，経済学的にいえば，ルールやキマリを変えるコストが高いとか関係者間での調整にかかるコストが高いとかになる。しかし，それは同時に，ルールやキマリが作られた初期条件や偶発的な条件が忘れ去られ，経緯的条件や必然的な条件に取って代わられていくことも意味する。それは，ルールやキマリから与えられる信念が自己強化されていく過程ともいえる。

　そこで，本書では以下の通りの構成を敷いていくことにした。まず，第1部では，Eagletonのイデオロギー論を整理するとともに，批判会計学のイデオロギー論を検討する。第2部と第3部では，伝統的なイデオロギー観（虚偽意識―合理化）にしたがう宮上理論から続く批判会計学とともに，イデオロギーを社会的真実として考えるTinkerたちから続く欧米批判会計学を検討する。第4部では，第1部から第3部までの検討に基づき，イデオロギーへの接近方法を定め，先行研究との距離を記述していく。

　最終的に，本書においてキーワードとなるのは「歴史的経路依存性」という

言葉になろう。「経路依存性」では小さな出来事の連続が最終的な解に対して強い影響力をもつことを示唆するが,「歴史的経路依存性」では初期条件や偶然性に関する影響力がやや強く考えられることになる。また,歴史的プロセスにおけるイデオロギー的な手続きも重視することになるだろう。それらは,当初の条件が忘れ去られたり,逆に既存の条件が強調されたりとするようなイデオロギー手続きがあることを示唆することになろう。

　本書を読むにあたって気をつけていただきたいことは,最初にも書いたように「イデオロギーという言葉に対するイデオロギーがある。」ということである。本書にはイデオロギーという言葉が多用される。大学院時代の同級生とイデオロギーの話題になったとき,彼は「それって,ネタバレってことだよね」と切り返した。この表現は的確な言葉である。ここでいう「ネタバレ」とは,「気づいていれば何も生じさせないが,(無意識に)気づいていなければ大きな障害を引き起こすものである。」

　本書で論じる日本の批判会計学にしても,欧米批判会計学にしても,会計規範論あるいは新古典派モデルにはある一定の前提があるにもかかわらず,それを自然なものや普遍的なものとして見せてしまう傾向を批判してきた。それは,Lois Althusserが述べたような「イデオロギーには外部がない[1]」という表現に繋がっている。

　さらにいうならば,読み手は,本書が編み出すイデオロギー戦略にも注意する必要がある。たとえば,宮上・中村理論—津守理論—山地理論というような学説の直系的系譜の配置は,師弟関係やその影響関係を媒介とした正当(続)化戦略ともいえるであろう。この時点において,本書には親子関係・師弟関係にも似た系統としての正しさを訴えるものが内在されている。したがって,読み手は,本書の考察対象だけでなく,本書が編み出すイデオロギー戦略について

　1　Eagleton [2007] (大橋訳 [1999] 134頁). 西川長夫・伊吹浩一・大中一彌・今野晃・山家歩訳 [2005] 367頁。

も吟味してほしいと思う。そのことがイデオロギー戦略を理解する最良の方法かもしれない。

　なお，本書は，2016年度の桃山学院大学学術出版助成を受けて刊行させていただいた。本務校の賛助に厚く感謝を申し上げる次第である。また，科学研究費補助金「『規制空間』の経路依存性と財閥解体の会計実務（課題番号25380631）」の研究成果の一部も含まれている。本書の出版に当たっては，森山書店の菅田直文氏にたいへんご迷惑をおかけした。最後まで叱咤激励をいただくとともに，かつての周辺事情もお教えていただいた。深くお礼を申し上げたい。

　末筆ながら，両親にも感謝したい。昔から肝心なことを言葉に出して両親に伝えることができないにもかかわらず，いつも性格や文脈から察していてくれていた。本書は，両親が大学院に進むことを許してくれたことにはじまりがあるのではないかと思う。

2016年10月

中　村　恒　彦

目　次

序　章 …………………………………………………………………… 1
　1. はじめに ………………………………………………………… 1
　2. 本書の構成 ……………………………………………………… 3
　3. イデオロギー論の可能性 ……………………………………… 4
　4. 批判会計学の可能性 …………………………………………… 6
　5. おわりに ………………………………………………………… 8

第1部　会計学のイデオロギー分析に向けて

第1章　イデオロギーの定義をめぐって ……………………………… 14
　1. はじめに ………………………………………………………… 14
　2. 第一定義と第二定義 …………………………………………… 15
　　2.1. 文化 ………………………………………………………… 15
　　2.2. 世界観 ……………………………………………………… 16
　3. 第三定義と第四定義 …………………………………………… 17
　　3.1. 党派的利害関係の促進と正当化 ………………………… 17
　　3.2. 支配的な社会権力の活動 ………………………………… 18
　4. 第五定義と第六定義 …………………………………………… 19
　　4.1. 歪曲と捏造の操作 ………………………………………… 19
　　4.2. 虚偽的あるいは欺瞞的な信念 …………………………… 20
　5. おわりに ………………………………………………………… 22
補節　近代会計学の概念観 …………………………………………… 23

第2章　イデオロギー戦略をめぐって …………………………… *26*

1. はじめに ………………………………………………………… *26*
2. 統一化と行動の志向 …………………………………………… *27*
    2.1. 統　一　化 ………………………………………………… *27*
    2.2. 行 動 の 志 向 ……………………………………………… *28*
3. 合理化と正当化 ………………………………………………… *29*
    3.1. 合　理　化 ………………………………………………… *29*
    3.2. 正　当　化 ………………………………………………… *31*
4. 普遍化と自然化 ………………………………………………… *32*
    4.1. 普　遍　化 ………………………………………………… *32*
    4.2. 自　然　化 ………………………………………………… *33*
5. 「脱歴史化」と「速すぎる歴史化」 ………………………… *34*
6. お わ り に ……………………………………………………… *36*

第2部　批判会計学とイデオロギー

第3章　批判会計学のイデオロギー ………………………………… *41*

1. はじめに ………………………………………………………… *41*
2. 批判会計学の分析に当たって ………………………………… *42*
3. 宮上理論のイデオロギー ……………………………………… *45*
4. 中村理論のイデオロギー ……………………………………… *49*
5. お わ り に ……………………………………………………… *54*

第4章　批判会計学の系譜 ……………………………………………… *60*

1. はじめに ………………………………………………………… *60*
2. 津守理論のイデオロギー ……………………………………… *61*
3. 山地理論のイデオロギー ……………………………………… *68*
4. お わ り に ……………………………………………………… *75*

第3部 欧米批判会計学とイデオロギー

第5章　欧米会計学のイデオロギー ……………………………… *81*
 1. は じ め に ……………………………………………………… *81*
 2. ニュートラル・イデオロギー ………………………………… *82*
  2.1. Frankfurter and McGoun［1999］………………………… *83*
  2.2. Bourguignon et al.［2004］………………………………… *86*
  2.3. ニュートラル・イデオロギーの貢献と限界 ……………… *89*
 3. クリティカル・イデオロギー ………………………………… *90*
 4. お わ り に ……………………………………………………… *94*

第6章　欧米批判会計学のイデオロギー ………………………… *95*
 1. は じ め に ……………………………………………………… *95*
 2. 社会的真実とイデオロギー …………………………………… *96*
  2.1. Tinker［1980］とTinker, Merino and Neimark［1982］…… *96*
  2.2. Neimark［1992］…………………………………………… *103*
 3. 主体性とイデオロギー ………………………………………… *107*
  3.1. Loft［1986］………………………………………………… *108*
  3.2. Cooper［1995］……………………………………………… *110*
 4. 言説とイデオロギー …………………………………………… *115*
  4.1. Lehman［1992］……………………………………………… *115*
  4.2. Ferguson et al.［2009］……………………………………… *120*
 5. お わ り に ……………………………………………………… *124*

第4部　会計学と偶然性

第7章　イデオロギーへの接近方法 ……………………………… *129*
 1. は じ め に ……………………………………………………… *129*
 2. イデオロギーへの接近方法 …………………………………… *131*
 3.「脱歴史化」と「速すぎる歴史化」…………………………… *134*

4. お わ り に ……………………………………………………… *139*

第8章　既存研究における偶然性 ……………………………………… *141*
　1. は じ め に ……………………………………………………… *141*
　2. 理念の偶然性　—Weber=大塚史学— ……………………… *142*
　3. 歴史意識の偶然性　—会計史研究— ………………………… *148*
　4. 相互作用の偶然性　—制度主義研究— ……………………… *154*
　5. お わ り に ……………………………………………………… *163*

結章　歴史的経路依存性と会計研究 …………………………………… *164*
　1. は じ め に ……………………………………………………… *164*
　2. 各章のまとめ …………………………………………………… *165*
　3. 今後の研究課題 ………………………………………………… *168*
　4. お わ り に ……………………………………………………… *171*

参 考 文 献 ……………………………………………………………… *175*
索　　　引 ……………………………………………………………… *183*

序　章

1. は じ め に

　本書は，人の認識と会計(学)の偶然性について考察しようとするものである。つまり，人が社会諸現象をどのように認識して，会計(学)の軌道に影響するのか，あるいは会計(学)の軌道が作り上げた認識が社会諸現象に影響するのか，を検討しようとしている。したがって，主題は，会計(学)に関わる①認識の問題と②偶然性の問題になろう。

　まず，偶然性の問題である。会計学は，学問としてあるいは科学として，首尾一貫した論理体系・理論体系，常識体系をつくりあげようとしている。ゆえに，それは必然的な因果関係の束になっているようにみえる。しかし，それは本当なのだろうか。それは会計理論内部の話であって，会計制度や会計実務になればなるほど，たまたま一回しか起こらないこと，すなわち偶然性は存在するようにみえる。

　我々は，常識という名のイデオロギーに囚われて，偶然性を見逃していないだろうか。構造主義[1]という考え方からすれば，「私たちはつねにあるイデオロギーが『常識』として支配している，『偏見の時代』を生きている[2]」と考えられる。これを示すかのように，Gaddis[2002]は，「『構造主義』『行動主義』『歴

史主義』という言葉は歴史的経路依存性の重要性の反映」であり，「それらは歴史を真剣に考えるための理論的基礎を提供している」と述べている[3]。実は，必然的な因果関係と思われているものが，歴史的経路依存性を反映した結果だったのかもしれない。このように，必然的な因果関係の中に，偶然性が埋もれていないだろうか。

つぎに，認識の問題である。それは会計やそのルールが歴史的経路依存性をもつ原因である。ここには人間の認識モデル問題が横たわっており，我々はそのイデオロギー性から逃れられない。では，そのイデオロギーとはいったいなんだろうか。またその働きとはどのようなものだろうか。このような議論は，会計学の領域を大きく飛び越えてしまうものであるが，本書ではあえてその領域を踏み外してでも考え直すべきものであると考えている。

本書では，Eagleton [2007] に基づくことで，②認識の問題をブラッシュ・アップできないかと考えている。旧来の枠組みでは，経済合理的なものの対照的なものとして，イデオロギーが捉えられることが多かった。イデオロギーは，残差的なものなのだろうか，非合理的なものだろうか，軽蔑すべきものなのだろうか。我々は，古い科学をイデオロギーと呼んでいるだけで，自分たちの科学を正当化するために使っているのではないだろうか[4]。そのため，本書では，イデオロギーという言葉をできるだけ使い，科学という言葉をできるかぎり使わないように心がけたい。

---

1 「構造主義は，しばしば誤解されているようにレトリック過剰な言説ではなく，慣習・習俗・文化などの隠されたシステムを自覚化し，明示化するというかたちでロゴスの働きを推し進めたものである」（中村 [1992] 94頁）
2 内田 [2002] 19頁
3 浜林・紫田訳 [2004] 105頁。
4 Michel Foucaultは，『知の考古学』の冒頭で歴史の連続性と非連続性がどのようにつくられるのかという問題意識を練り上げる際に，次のようなLouis Althusserの一節を引く。「最後におそらくもっとも激しい解体は，『一つの科学を，その過去のイデオロギーから引き離し，その過去のもつイデオロギー性をあばくことによって基礎づける』とき，理論的変換の仕事によって，実現される断絶である。」（中村訳 [2006] 12頁。）

以上のような問題意識を検討するにあたって，我々は，研究対象としてイデオロギーと関連深い会計学説を取り上げる。こうした所説は，我々が上記の二つの問題を検討するにあたって大きな手かがりとなろう。

　そこで，本書は，前述の二つの問題意識と関連して，旧来の学説にEagleton [2007]の見方を導入して，新しい解釈を与えることも検討する。その作業は，旧来の学説が唱えられた歴史的背景と切断することを意味するが，同時にまったく新しい軸から通底させようという試みである。幸いなことに，Eagleton [2007]は，イデオロギーを基本に帰って慎重に考察したものであるため[5]，学問領域や歴史的背景を超えて，研究成果を引き出してくれる可能性がある。

　次節では，本書の問題意識をどのように展開していくかを明らかにしたいと思う。

2. 本書の構成

　本書の構成は，①偶然性の問題，②認識の問題を具体化するために，4つの部から構成される。第1部は，Eagleton [2007]について考察し，会計学との整合性しうる方法論について考える。第2部・第3部は，第1部の方法に基づき，対象として日本と欧米の批判会計学について考察する。第4部は，第3部までの考察を受けて，偶然性とイデオロギーの関係を措定し，その考え方をもって従来の会計学と整合させていきたい。以上の構成を図示すれば，以下のとおりである。

5　大橋訳[1999]466頁。

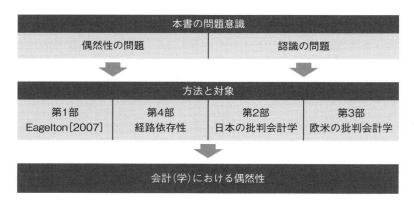

図表0-1　本書の問題意識

3. イデオロギー論の可能性

　前述したとおり，第1部と第4部では，Eagleton [2007] の方法論を考察することで，会計(学)に対する仮説群の抽出をしていきたい。

　ここで問題となるのは人の認識の問題である。会計の概念や理論は，人の認識を可能にするとともに，逆に制約しているものでもある。したがって，会計の概念や理論を深く理解し，さらに概念や理論の背景や作用を明らかにする必要もあろう。その際の手がかりとして，Eagleton [2007] のイデオロギー論は，基本的な見方やイデオロギーの定義・用法を提供してくれるであろう。

　たとえば，Watts and Zimmerman [1979] は，旧来の会計理論を言い訳 (excuse) しかできないと評していた。また，宮上 [1966] もまた，会計理論・会計原則・会計諸概念等が，独占企業の財務諸表を合理化していると述べていた。これらの例は，会計と会計学のイデオロギー的側面，その概念作用や理論作用を批判したものであるが，その作用とはいかなるものなのであろうか。イデオロギー論はこれらの問いに答えてくれるであろう。

　また，会計と会計学の発展史においても同様の傾向がある。内田 [2002] の

Foucault解説を利用すれば，我々は「歴史の流れを『いま・ここ・私』に向けて一直線に『進化』してきた過程としてとらえたがる傾向[6]」があり，会計（学）の歴史観も「歴史の直線的推移[7]」の披露と批判ということに集中しがちになる。すなわち，近代会計学は，「歴史は次々と『よりよいもの』，『より真実なもの』が連続的に顕在するプロセス[8]」と理解し，批判会計学がその前提を疑うという形で提起するような傾向がある。我々は，なにげなく考えている前提そのものにはイデオロギー性の強いものがあり，実は我々自体がイデオロギー主体ではないかという疑問も生じる。

そこで，第1部では，会計の概念観，すなわち「概念の概念」や「理論の理論」ともいうべきものに対して，私たちが直接的にアプローチする方法をEagleton［2007］のイデオロギー論に求める。そして，第2部・第3部の具体的な批判会計学の考察を通じてより洗練されたものを第4部で展開しようと考えている。

この際，我々が間接的に参考となるのは，Foucaultの系譜学的な考え方をとるポストモダン会計学であろう。Foucaultは，各学問の歴史が非連続性を求めていると同時に，その歴史自体の構造を維持する仕組みが消し去られていることを指摘する[9]。すなわち，イデオロギーは，その歴史的文脈から隔離したうえで，その作用によって生み出されているイデオロギー性を暴くことによって，歴史の非連続性と連続性を生み出している。したがって，我々が過去の会計学のイデオロギー性を批判することは，新しい会計学を生み出すと同時にそうした構造を維持していることにほかならない。

---

6 内田［2002］80頁。
7 内田［2002］82頁。
8 内田［2002］81頁。
9 中村訳［2006］13頁。「思考，認識，哲学，文学の歴史は，切断を増やし，非連続性をあらゆる林立を探し求めているようにみえる。ところが，いわゆる歴史，ただの歴史は，安定した構造のおかげで，出来事の闖入を消し去っているかのように見える。」

では，以上のようなイデオロギー側面を，どのように会計学領域において活用していけばよいのであろうか。岡野[2002]は，系譜学的な歴史が起源や本質を逆に霧散させようとすることを指摘したうえで[10]，次のように言説の作用を肯定的に見直すように迫っている。

　「実践に規定されながらも，ある意味において実践から遊離した『言説』の生成を注視することによって，『言表レベル』ではあらわれていなかった様々な含意を歴史の中に取り込むことが可能になるのである[11]。」

　つまり，Watts and Zimmerman[1979]や宮上[1966]などが批判したやり方そのものがイデオロギー作用そのものであり，それらの言説の作り方や効果を検討することに歴史的な意味があるのかもしれない。
　そこで，我々は，イデオロギー論を考察することを通じて，会計（学）を検討する方法を探究したいと思う。Eagleton[2007]では，Marx主義では十分に考察され練られていたにもかかわらず，経済的利害や下部構造に還元されていたものを分析する方法も明らかにされるであろう。こうした分析をもとに日本や欧米の批判会計学を検討し，偶然性の起源となっているものを探求しよう。

4．批判会計学の可能性

　前述したとおり，本書は，Eagleton[2007]のイデオロギー論を用いることで，会計学がどのように概念を考えてきたかを考察・検証する。その考察・検証の対象として，我々は，日本と欧米の批判会計学を取り上げたいと考えてい

10　「系譜学的な歴史の目標とは，われわれ自体の起源・本質を再発見することではなく，逆にそれらを消散させようと執拗に努力することである」（岡野[2002]58頁）
11　岡野[2002]55頁。

る。ただし，ここでは，総括的なレビューではなく，学説の直系的系譜におけるイデオロギー論の変遷を追うことで考察・検証したいと考えている。

とくに本書では，批判会計学の中でも，会計および会計学のイデオロギー的側面を追求してきた学説，とくに上部構造論・公表会計制度論・会計制度説などと呼称される日本の批判会計学の学説[12]と，欧米批判会計学（Critical Accounting）の学説を中心に検討したいと考えている。これらの学説は，Marx主義やFoucault主義などの影響下で，会計および会計学のイデオロギー的側面を追求した学派といえよう。ただし，我々の検証・考察は，あくまでもイデオロギーの問題を中心に問うものであり，会計問題の真理と虚偽がよく似た構造を持っていることに関心がある。

すでに日本でも明らかにされているように，日本の批判会計学については，田中[1976]・藤田[2012]・小栗[2015]など，欧米の批判会計学については，高寺[1984]・陣内[1991]・新谷[2011]などにおいて包括的かつ詳細にレビューされている。したがって，我々は，これらの文献研究以上の直接的な成果を出せる見込みが大きいわけではない。しかしながら，この分野は，MarxやFoucaultなどの原著理解と翻訳の壁に加えて，会計学応用への壁もあり，方法論的な普及において苦しんできた分野と思われる。

そこで，本書では，前節でも紹介したEagleton[2007]のイデオロギー論を基調として，日本の批判会計学の直系的な系譜を考えるとともに，欧米の批判会計学の流れを考察・検証の対象としたい。吉見[2007]が述べるように，「我が国の批判会計学がなしえなかった，マルクス以降の『先端的』な哲学理論の会計学への適用，あるいはマルクス主義を基調とする会計理論への批判としての新たな会計理論の提案[13]」が必要とされている。本書は，Eagleton[2007]のイデオロギー論を通じて，日欧米の批判会計学の基軸になっている部分をあぶ

---

12 黒澤・松尾編[1981]9-11頁。
13 吉見[2007]5頁。

りだせるのではないかと考えている。

　さらにいうのであれば，本書は，上部構造を上部構造の仕組みとして分析できないかという試みでもある。吉本隆明［1982］は共同幻想論で述べたように，「幻想領域を幻想領域の内部構造として扱う場合には，下部構造，経済的な諸範疇というものは大体しりぞけることができるんだ[14]」という前提をおく。幸いなことに，会計もしくは会計学のイデオロギー的な仕組みについては，経済的利害に還元しつつも，批判会計学内において独自の蓄積がある。そうした蓄積をEagleton［2007］のイデオロギー論からドライブさせて，方法論的な普及のハードルを下げるとともに，新たな会計理論構築に役立てることができるのではないかと考える。

　もちろん，批判会計学は，その時間・空間・社会構造のなかで語られているため，Eagleton［2007］のイデオロギー論を用いて無理矢理に一本を通すことにもイデオロギー性があるともいえる。しかし，その欠点を差し引いたとしても，我々の関心になるのは，どのようにイデオロギー論を活用して会計理論の構築と会計制度・会計実務の説明や予測を行うかということにあろう。また，会計は，（社会対立の）リアリティを反映するだけでなく，リアリティを構築するモノとしても考えることができる。さらに，各会計学説が作用している概念観を明らかにすることにも意義があろう。

5. お わ り に

　本書は，人の認識と会計（学）の偶然性を検討しようするものであるが，その奥底にはイデオロギー性が会計や会計学に内在しているのではないかという直観に基づく。本書のタイトルが「会計学のイデオロギー分析」にとどまってい

　14　吉本［1982］26頁。

るのは，会計学のイデオロギー性を検証・考察可能ではないかと思われる一方，簿記を含む会計のイデオロギー性を検証・考察するにはかなりの困難が伴うからである。ただし，我々の意識の中には，会計も会計学もイデオロギーではないかという疑問も生じている。

なぜならば，会計は，認識論（観念的）なものであり，いつどこの誰の認識であったのかということに起因して生じている[15]。イデオロギーは，かつてMarxが資本論のなかで「彼らはそれを知らない。しかし彼らはそれをやっている[16]」と指摘したように，人の認識を通じて日常生活・社会生活を知らず知らずのうちに意味づけて行動させるものである。しかし，我々が日常生活において金銭や物品などを正確かつ迅速に記帳し，その関係者に誠実かつ丁寧に説明することすべてにイデオロギー性があるとも思えない。

本書の意図は，会計や会計学がイデオロギー的になる条件ともいうべきものを探索することにある。しかし，やみくもに会計や会計学を探索しても基軸となるべきものがないと題材の切り方がわからない。そこで，本書では，ゴミ箱と考えられがちなイデオロギー的な側面をEagleton[2007]をお手本に記述するように努め，会計がなにをみえるようにしているのか，なにをみえないようにしているのか，を明らかにしていくことにしたい。

---

15 小栗［2015］25頁。「会計史研究においても存在主義的な方法論は有効であると筆者は考える。会計は認識的（観念的）なものであるが，必ずその認識を生む存在（主体）があると見なければならない。会計認識を存在と切り離して捉える傾向が主流であるが，会計認識の内容およびその生成・発展過程を検討するには，誰の認識かという認識の存在主体まで遡って解明することが求められている」

16 向坂訳［1969］134頁；鈴木訳［2000］46-50頁。

第1部　会計学のイデオロギー分析に向けて

　会計学の本質とはいかなるものであろうか。過去，多くの研究が会計やその機能を「文化」「企業の言語」「利害調整」「有用な情報」などと定義してきた。そこには，研究視点の違いはあるけれど，科学の法則を見つけるために終始してきたのではないだろうか。しかしながら，会計学も社会科学[1]であり，その対象が人間の行動であるがゆえに，ゆるぎない法則を見出すのは難しい。なぜなら，ある法則が発見されたとしても，あるものは「一時的な泡沫[2]」に終わり，あるものは「千変万化をも辞する[3]」ことをいとわない。その結果，「虚偽」でも「真実」になりうるし，「真実」も「虚偽」となりうる。

　だが，我々はここで気づかなければならない。もし「泡沫」や「千変万化」そのものが法則であればどうなるのであろうか。もし近代会計学と批判会計学

1　Sunder [2010] によれば，社会科学について次のような説明をしている。Social は，研究対象が「感情のある存在」を認識しており，Science は，「永遠の法則」を追求する。したがって，自然科学も人文科学も人間行為の法則性をほとんど認めない。しかし，社会科学は，その二つを両立させ，人間行為の法則性を求めることになる。また，Sunder は，社会科学の法則について次のように述べている。社会科学の法則は，社会政策の基盤となるために，安定性をもたなければならない。しかし，人間は，学習・順応するので，社会科学の発見は，発見を無効にする傾向のある方法で行為を変更できる。そのような順応に頑強である発見が社会科学の「法則」と呼ばれ，社会政策の基礎として役立つかもしれない。

2　片岡 [1973] 1頁。
3　宮上 [1979] 18頁。

の対立自体が法則であったならばどうであろうか。会計学における対立が概念の「真実性」と「虚偽性」に影響を与えてきたのではないだろうか。「『概念をいだく』とは，言葉を特定の方法で駆使できる能力をもつ[4]」ことを示すが，我々が概念によって現実を把握しようとすると，逆に現実からはなれてしまうかもしれない[5]。

そのような効果は，学術的には「言説」や「言説の効果」といえるが，直感的には「言葉の魔術(マジック)[6]」といえるのかもしれない。しかしながら，我々，会計学者がそうした法則を直接的に扱うことは難しい。もし扱うことが可能であるとすれば，会計学が考える「理論の理論」や「概念の概念」，すなわち，会計学の概念観を考察することであろう。そして，その方法を観念学(イデオロギー)に求める。イデオロギーは，本来，「人間の観念に関する科学的研究」であったが，対象と研究方法が逆転してしまって観念の体系を意味する言葉になった[7]。だからといって，イデオロギー理論を無用な虚構とするべきではない[8]。North［1981；1990］が経済史の研究で示すように，イデオロギー理論がなければ経済史の変化を説明できなかった[9]。

4　Eagleton［2007］pp.193-194（大橋訳［1999］403頁）．
5　Eagleton［2007］p.337（大橋訳［1999］338頁）．「わたしたちが概念を世界の「イメージ」なり「抜き刷り」と経験論者の流儀にしたがって考える誘惑にからめとられてはじめて，わたしたちは，世界と概念との永遠の乖離に懊悩しはじめる。」
6　この言葉自体は，学部生時代に宮上理論を教示いただいていた大阪経済大学簿記会計研究部の諸先輩たちから教わった言葉である。初学者的な言葉かもしれないが，どうかご容赦いただきたい。
7　Eagleton［2007］p.63（大橋訳［1999］144-145頁）．
8　このことを説明するためには，Frommの以下の言葉を引用すればよいだろう。「観念が1つの感情的な中核をもっているという事実は非常に重要なことである。なぜならそれはある文化の精神を理解するための鍵であるから（日高訳［1951］306頁）。」
9　North［1981；1990］は，アイデアやイデオロギー等が制度変化の大きな要因であり，新制度派経済学はイデオロギー理論がなければ不完全であると主張する。「イデオロギーについての，あるいはより一般的には知識社会学についての明示的な理論がなければ，現在の資源配分や歴史的変化を説明する我々の能力には，大きな欠陥が存在することになる（North［1981］p.47（中島訳［1988］66頁））。」

では，いったい我々は，イデオロギーをどのように扱えばいいのであろうか。Eagleton[2007]は，この点を基本からみつけなおした文献であり，イデオロギーの総史といっても過言ない[10]。「イデオロギーに対して，不変の性格をあたえることができるかも疑わしい[11]」と述べることからわかるように，実は，イデオロギー理論もイデオロギーに不変の法則を与えることができていない。それにもかかわらず，イデオロギーは，ある現象に説明を与えることができる独立した理論をもっている。

　そこで，会計学がどのように概念を考えてきたのかについて，Eagleton[2007]を用いて検討したい。本書では，まず準備段階としてイデオロギーの定義と戦略を概観して会計学との整合性に対する仮説を検討する。最終的には，イデオロギー理論から会計学に対する含意と問題を把握して，我々の研究目標である「経路依存[12]」の研究に反映させたいと思う。

10　本書第1部では，Eagleton[2007]の翻訳は，大橋洋一訳[1999]による1991年版の翻訳に基づいている。
11　Eagleton[2007]p.222（大橋訳[1999]460頁）．
12　経路依存は，「小さな出来事や偶然の事象の結果が解を決定し，それが支配的になると，人をある特定の経路に向かわせる（North[1990]p.94（竹下訳[1994]124頁）」と定義される。

第1章　イデオロギーの定義をめぐって

1. は じ め に

　我々は，普段の生活の中で，イデオロギーという言葉を使うことがあるが，その意味や内容については，はっきりと定義されていることが少ない。また，その意味も相手を非難する軽蔑的な意味や政治的な意味で用いられることもしばしばであり，その意味には注意が必要である。会計学においても，イデオロギーという言葉が使われることがあるが，その意味や内容については，多義かつ曖昧なものとして使われている。そこで，「イデオロギーとは何か」という問題に取り組んだEagleton[2007]を考察したいと思う。

　Eagleton[2007]は，まずイデオロギーを単一の定義に落とし込むことができないことを示唆する[1]。その上で，イデオロギーの定義を考察した[2]上で，6つの定義へと落とし込む。これらをあえて名前をつけていくとすれば，「文化」，「世界観」，「党派的利害関係の促進と正当化」，「支配的な社会権力の活動」，

　1　Eagleton[2007]p.1（大橋訳[1999]20頁）
　2　イデオロギーの次のような意味について検討をおこなっている。「すでにある見解と事実を照合させる方法」や「すべては政治的である」や「ディスクールとしてのイデオロギー」や「偽りの意識」などを考察している（Eagleton[2007]pp.3-26（大橋訳[1999]20-71頁）。

「歪曲と捏造の操作」，「虚偽的あるいは欺瞞的な信念」として述べることができる。この整理方法は，イデオロギーの認識論的問題と政治的問題に注目したものである。認識論的問題とは，たとえば，イデオロギーが主体に真実を語るのか，それとも虚偽を語るのかということである。政治的問題とは，イデオロギーが特定の視点からの権力闘争や政治活動に関係しているかどうかである。

　本章では，この6つの定義を紹介するとともに，会計学へと反映させる方法を検討する。なお，第一定義から第四定義までは認識論的に中立であり，イデオロギーを肯定的にも否定的にも用いる。これに対して，第五定義と第六定義は，イデオロギーを虚偽的認識あるいは侮蔑的な意味としてみなしており，イデオロギーを否定的にみなしている。また，第一定義と第二定義は，イデオロギーを社会的に決定されたものや集団固有の自己表現とみなしており，対立・協調関係などの他者との関係を意識したものではない。これに対して，第三定義から第六定義までは，イデオロギーが他者との関係を前提とした政治的な意味を含んでいる。簡単にではあるが，各イデオロギーの定義について確認していきたいと思う。

2. 第一定義と第二定義

2.1. 文　　化

　Eagleton [2007] は，この定義を「イデオロギーとは，社会生活において観念や信念や価値観を生産する全般的な物質的なプロセスである[3]」と示している。この定義の特徴は，認識論的にも政治的にも中立的であって[4]，多くの場合，観念が社会的に決定されていることを示す[5]。それゆえ，イデオロギー

3　Eagleton [2007] p.28（大橋訳 [1999] 76頁）.
4　Eagleton [2007] p.28（大橋訳 [1999] 77頁）.
5　Eagleton [2007] p.28（大橋訳 [1999] 77頁）.

は,「文化」に近く,「特定の社会のなかで複雑にからまりあっているところの意味作用の実践と象徴作用の過程の総体をしめすことになる[6]。」

しかしながら,Eagleton [2007] は,このイデオロギーの問題点を次のように示している。すなわち,このイデオロギーの定義は,①諸個人の社会的慣習実践そのものを示していない[7],②特定の角度から領域を照射していない点を指摘する[8]。逆にいえば,イデオロギーは,社会的慣習実践を示し,政治的な意味をもっている。したがって,イデオロギーは,行動を志向する傾向をもち,それが政治的な意味をもつ側面がある。

2.2. 世 界 観

Eagleton [2007] は,この定義を「社会的に意味ぶかい特定の集団もしくは階級に固有の状況や生活経験に対し,象徴的意味を与えるような観念や信念(その真偽のいかんにかかわらず)であ」り,「世界観」という考え方に近いことを指摘する[9]。この場合,イデオロギーは,社会的に決定されたものではなく,特定の集団や階級に固有の自己表現の一種として考えることができる[10]。

しかしながら,Eagleton [2007] は,このイデオロギーの問題点を次のように示している。すなわち,「イデオロギーを特定の集団の象徴的な自己表現の一種とみるだけでは,イデオロギーを関係的な観点あるいは闘争的な観点からみたことにはならない[11]。」逆に言えば,イデオロギーは,2者以上の協調・対立

---

6 Eagleton [2007] p.28(大橋訳[1999] 76頁).
7 Eagleton [2007] p.28(大橋訳[1999] 76頁).
8 Eagleton [2007] pp.28-29(大橋訳[1999] 77頁).
9 Eagleton [2007] p.29(大橋訳[1999] 77頁).ただし,Eagleton [2007] は,次のように世界観とイデオロギーの違いを明らかにしている。「世界観は,ふつう死のもつ意味とか,宇宙における人間の位置といった根源的なことがらにかかわるのに対し,イデオロギーは郵便受けにどういう色を塗るのかといった問題まで触手をひろげるのである。」
10 Eagleton [2007] p.29(大橋訳[1999] 77頁).
11 Eagleton [2007] p.29(大橋訳[1999] 77頁).

3. 第三定義と第四定義

3.1. 党派的利害関係の促進と正当化

　Eagleton［2007］は，この定義を「社会集団が，それと敵対する社会集団の利益に対抗して，みずからの利益を〈促進〉し〈正当化〉することである[12]」と示している。当該定義以下は，イデオロギーの政治的側面を強調するものとなり，支配的イデオロギーと対抗的イデオロギーという区分もできるであろう。それゆえ，イデオロギーは，「生活様式の政治的側面全体を維持するか，もしくはそれに挑戦する[13]」というイデオロギー的利益をめぐる，「ディスクールの闘争の場とみることができる[14]。」こうなると，イデオロギーは，文化や世界観などではなく，言説の問題になるといえよう[15]。

　また，当該定義以下では，後述する「合理化」や「正当化」といった戦略が強調されることになる。Eagleton［2007］が述べるように，「つまりイデオロギーにおいて思弁的な認識は二の次であって，『合理化不可能な』利害や欲望を維持することが優先されるのである。…中略…ここでいうイデオロギーは，真偽を宣告する陳述というよりも，相手を説得する陳述，つまりレトリカルな陳述であって，『ありのまま』の状況を語ることより，政治的目的のために有益な効果を生むことのほうに重点がおかれている[16]。」

12　Eagleton［2007］p.29（大橋訳［1999］78頁）．
13　Eagleton［2007］p.29（大橋訳［1999］78頁）．
14　Eagleton［2007］p.29（大橋訳［1999］78頁）．
15　「イデオロギーとは『言語』の問題ではなく，『ディスクール』の問題だということになる。…中略…イデオロギーは，ある宣言のなかに本質としてそなわっている言語上の属性などではなく，誰が，何を，何のために，誰にむかって語るかという問題と密接な関係にある。…中略…イデオロギーは，発話と，その社会的コンテクストとの関係の函数なのである（Eagleton［2007］p.9（大橋訳［1999］37頁）．」

しかしながら、Eagleton［2007］は、このイデオロギーの問題点を次のように示している。すなわち、「集団的利益の促進すべてが、いつもイデオロギー的と呼ばれるわけではない[17]」と指摘する。すべてのイデオロギーは、必ず支配的イデオロギーと対抗的イデオロギーとの闘争として考えなければならなくなる。極論すれば、このイデオロギーは、社会集団の「イデオロギー的利益」を水平化してとらえるため、逆に骨抜きにしてしまうのかもれない。

3.2. 支配的な社会権力の活動

Eagleton［2007］は、第三定義から第四定義を次のように導いている。すなわち、イデオロギーは、「党派的利害関係の促進と正当化を依然強調しつづけることになるが、強調点を支配的な社会権力の活動だけにかぎるものである[18]。」この定義は、社会集団の権力の差を意識している。第三定義では、支配的イデオロギーも対抗的イデオロギーにもその差がないと考えられていたが、第四定義では支配的イデオロギーが対抗的イデオロギーをどのようにして巻き込むかという点が焦点となる[19]。

ここで注意すべきことは、第三定義も第四定義もイデオロギーの真偽に拘らないということであろう。したがって、このイデオロギーの定義では、一般的なイメージとして取り上げられるような歪曲や捏造といった操作を強調しない点にある。これは、第三定義も第四定義も真偽の認識自体を問題にしているのではなく、2者以上の協調・対立関係などにおける陳述（言説）を問題にしてい

---

16 Eagleton［2007］p.29（大橋訳［1999］78-79頁）．
17 Eagleton［2007］p.29（大橋訳［1999］78頁）．
18 Eagleton［2007］p.29（大橋訳［1999］79頁）．
19 「ここに含まれる前提とは、支配的なイデオロギーは 支配者に都合のよいやりかたで社会構成体を統一するのに役にたつということであり、イデオロギーは、上から一方的に押しつけられた観念であるだけではなく、被支配階級や集団などを共犯関係に巻き込むものであるということである（Eagleton［2007］pp.29-30（大橋訳［1999］79頁））．」

るからである。

　しかしながら，Eagleton [2007] は，第四定義の問題点を次の第五定義とともに次のように示している。すなわち，「ここで留意すべきは，四番目と五番目の定義において，支配集団のいだく観念すべてがイデオロギー的ではないことだ。イデオロギー的ではないとはつまり支配階級がいだく観念のなかには，集団の利益をとくに促進するとはいえないものもあること，またその利益を促進するような観念のなかにも，歪曲の操作に頼らないものもあるということである[20]。」

4. 第五定義と第六定義

4.1. 歪曲と捏造の操作

　Eagleton [2007] は，第四定義から第五定義を次のように導く。すなわち，「イデオロギーによって記号化される観念や信念は，支配的な集団もしくは階級の利益の正当化に役だつのだが，その場合，とりわけ歪曲と捏造の操作が大きくものをいう[21]。」ここでいうイデオロギーが「虚偽意識」であるといっても過言ないであろう。Marx主義にみられるように，支配階級のイデオロギーは，自己の利益を正当化するために歪曲や捏造といった操作をおこなうことを強調する[22]。それゆえ，観念や概念は，虚偽意識による歪曲・捏造しかもたらさないという議論が生まれるであろう。

20　Eagleton [2007] p.30（大橋訳 [1999] 79頁）．
21　Eagleton [2007] p.30（大橋訳 [1999] 79頁）．
22　Eagleton [2007] は，「ドイツイデオロギー」から2重の意味を抽出している。1つは，「現実から遊離し，現実を隠蔽する偽りの意識としての観念（虚偽意識）」であり，もう1つは「支配階級の道具としての観念（社会階級の知的武器庫）」である（Eagleton [2007] pp.79-80, 90（大橋訳 [1999] 177, 197頁））。この二つが混じり合うことで，第五定義が導かれているのではないかと考えられる。

20　第1部　会計学のイデオロギー分析に向けて

　しかしながら，Eagleton［2007］は，第五定義の問題について，次のように述べている。「そしてまたさらに留意すべきは，この五番目の定義では，政治的にみて反体制的なディスクールをどう呼ぶべきかわかりにくいことである。従属集団や従属階級が，みずからの利益を促進したり正当化しようとするときも，現実的な利益を『自然化』し普及化し曖昧めかしたりする戦略を駆使するのであって，この点で，反体制的なディスクールも支配的なディスクールと同じであるからだ[23]。」

4.2. 虚偽的あるいは欺瞞的な信念

　Eagleton［2007］は，第五定義から第六定義を次のように導いている。すなわち，「この定義で強調されるのも，虚偽的あるいは欺瞞的な信念の存在だが，ここではそのような信念を，支配階級の利益からではなく社会全体の物質的構造から生じるものとみなすことになろう[24]。」この定義になると，イデオロギーは，階級や社会集団から発生するものではなくなり，資本主義や民主主義などの社会構造のなかに書き込まれているのである[25]。

　したがって，イデオロギーは，階級意識や集団意識の問題に限定されることはなく，資本主義社会における経済活動などに繋がっていく[26]。この場合の虚偽意識は，「ものごとをあるがままにみない問題」ではなく，「欺瞞的・偽装的な現実」を引き起こすものと解釈される[27]。代表的なものとしては，『資本論』の第一巻「商品のフェティシュ的性格とその秘密」であり[28]，イデオロギーに

23　Eagleton［2007］p.30（大橋訳［1999］79-80頁）．
24　Eagleton［2007］p.30（大橋訳［1999］80頁）．
25　「イデオロギーという用語の悪い意味はそのまま残っているが，イデオロギーの発生因に階級をもちだすやりかたは回避される。このようなイデオロギー観のなかでもっとも名高いのが，いずれみることになるが，マルクスの商品フェティシズム理論である（Eagleton［2007］p.30（大橋訳［1999］80頁））。」
26　Eagleton［2007］p.85（大橋訳［1999］187頁）．
27　Eagleton［2007］p.87（大橋訳［1999］190頁）．

よる歪曲や捏造といった操作は,「現実にある転倒が精神にも反映されるという問題[29]」になる。この意味において,イデオロギーは,支配階級の観念という問題ではなく,資本主義の構造そのものに内在することになる。ただし,「彼らはそれを知らない。しかし彼らはそれをやっている[30]」という公式からわかるように,イデオロギーは,主体が簡単にイデオロギーを見破れるようなものではなくなる。

最終的に,Eagleton[2007]は,イデオロギーを「生きられた関係」としてとらえている。そして,「イデオロギーというのは主体と権力構造のあいだに,生きられた関係をこしらえ,日常生活そのものをひそかに意味づけてしまうもの[31]」と述べている。また,イデオロギーには,多くの真実が含まれること,もし含まれていないとしてもその効果が限られること,そして虚偽であったとしても不正で抑圧的な政治制度を正当化するにあたっての歪曲変形によるものであることを主張している[32]。ここからいえば,偽りの記述のかわりに真実の

28　Eagleton[2007]は,以下のように説明している。「人間は生産物を成型するが,生産品はやがて人間のコントロールをすり抜けるようになり,逆に,人間の存在状況を規制しにかかる。株式市場でのごくわずかの変動が,何千人もの解雇を意味することだってありうるわけだ。この『商品』フェティシズムの力によって,現実の人間関係は,神秘的なかたちで,物と物との関係となってあらわれる。ここからいくつものイデオロギー的な帰結が生まれる。最初に,これによって現実の社会のはたらきが覆い隠され,ぼかされてしまう―労働の社会的性格は,商品の流通の背後に隠され,商品のほうは,もはや社会的産物とみなされない。第二に―これは,のちのマルクス主義の流れのなかではじめてはぐくまれた観点なのだが―,この商品の論理によって社会は断片化してしまう。社会をまるごと全体として把握することは,以前とちがって,むつかしくなる。なぜならすべてを分子化する商品の作用があるからで,これによって社会労働という集団活動が,死せる別個の物どうしの関係に変えられてしまう。このように全体像を隠蔽する資本主義世界は,政治的批判にも傷つきにくくなる。そして,最後に,社会生命が生命のない事物によって支配されているという現実は,社会そのものに自然で不可避なものという装いをあたえてしまう(Eagleton[2007]p.84-85(大橋訳[1999]186頁))。」

29　Eagleton[2007]p.85(大橋訳[1999]187頁)。
30　向坂訳[1969]134頁; 鈴木訳[2000]46-50頁。
31　Eagleton[2007]p.221(大橋訳[1999]459頁)。
32　Eagleton[2007]p.222(大橋訳[1999]459頁)。

記述を提出しても無駄であり，その錯誤の原因や機能に目を向ける必要があろう[33]。それゆえ，イデオロギーとは，言説効果の問題であって，その発言とその発言を成りたたせた物質的条件を権力闘争の観点からながめることになる。

5. お わ り に

Eagleton［2007］は，イデオロギーの概念上の混乱を解消するために書かれたものである。イデオロギーが観念学という「人間の観念に関する科学的研究を意味した」ことから考えれば，大きくかけ離れていったものになっているといえるかもしれない[34]。上記の6つの定義から会計学に対する含意があるとすれば，会計学説が会計の概念をどのように考えてきたかということであろう。いわば，会計の概念の概念（概念観）といえる。

では，会計学説は会計の概念をどのような位置づけとして考えてきたのであろうか。Eagleton［2007］の認識論的意味と政治的意味を念頭にして検討にしてみると，会計学の概念観には，次のような概観があるのではないだろうか。

すなわち，第一定義「文化」および第二定義「世界観」は，認識論的にも政治的にも中立であり，会計学でいえば近代会計学が想定していた概念観に近い。第三定義「党派的利害関係の促進と正当化」と第四定義「支配的な社会権力の活動」は，認識論的には中立的であるが政治的意味をもっている。この立場は，ポストモダン会計学の概念観に近い。第五定義「歪曲と捏造の操作」と第六定義「虚偽的あるいは欺瞞的な信念」は，認識論的にも政治的にも批判的であり，批判会計学・欧米批判会計学（Critical Accounting）の概念観に近い。

以上，Eagleton［2007］のイデオロギーに関する定義にまつわる議論を紹介し，会計学の概念観との整合性を試みる若干の考察をおこなった。会計学説を

33　Eagleton［2007］p.30（大橋訳［1999］80頁）．
34　Eagleton［2007］p.63（大橋訳［1999］144頁）．

検討すればかならずしも上記のとおりではないかもしれないが，本章・補説および第2部，第3部の検討の手がかりとして提示しておく。次章の考察とあわせて，Eagleton [2007] の整理方法が会計学の概念観に新しい視覚を提供することに期待したい。

補節　近代会計学の概念観

イデオロギー理論と批判会計学やポストモダン会計学の関係については改めて考察するので，ここではイデオロギー理論と近代会計学について若干ながら考察を加えたい。

近代会計学には枚挙にいとまがないが，近代会計学における概念観は中立的なものといえる。Eagleton [2007] の第一定義を例にとれば，「会計は文化である」という考え方と結びつくであろう。国際会計研究では，会計の文化的影響が取り上げられ，文化が会計の発展にとって重要であると主張されている[35]。

たとえば，Gray [1988] は，社会（文化）価値から会計価値あるいは会計実務を説明するフレームワークを構築している[36]。具体的には，Gray [1988] は，Hofstede（萬成・安藤監訳[1984]；岩井・岩井訳[1995]）の「権力の格差[37]」，「不確実回避の傾向性[38]」，「個人主義対集団主義[39]」，「男性的価値対女性的価値[40]」といった社会価値あるいは「専門家主義対法定主義[41]」，「統一性対柔軟性[42]」「保守主義対楽観主義[43]」「秘密主義対公開主義[44]」といった会計価値から国際的な

35　野村・平松訳 [1999] 12-13頁。
36　Gray [1988] pp.5-11.
37　「権力格差とは，それぞれの国の制度や組織において，権力の弱い成員が，権力が不平等に分布している状態を予期し，受け入れている程度である（岩井・岩井訳 [1995] 27頁）。」
38　「不確実性の回避は，ある文化の成員が不確実な状況や未知の状況に対して脅威を感じる程度と定義することができる。とりわけこの感情は，神経質になってストレスが高まることや，成文化された規則や慣習的な規則を定めて予測可能性を高めたいとする欲求に現れている（岩井・岩井訳 [1995] 119頁）。」

24   第1部　会計学のイデオロギー分析に向けて

会計システムの相違を検討している

　この場合，文化は，会計価値や会計実務を説明し，会計の発展が文化の影響を強く受けることになる。ここにみられる概念観は，Eagleton [2007] の第一定義と同じく，会計の概念が認識論的にも政治的にも中立的な立場であることを想定している。また，各国の会計は，各国において社会的に決定されているという観点を意識したものになる。

　また，企業会計原則や概念フレームワークは，会計の「世界観」を示したものであろう。たしかに「適正な期間損益計算」や「利害調整機能」や「投資家意思決定支援機能」などは利害や対立を扱っている。しかし，当該概念そのものはイデオロギー的利益を保有しないように努め，特定視点に立たないように心がけている。債権者保護や株主・投資家保護という会計目的は，特定の利害関係者に言葉以上の利益を誘導する目的で作られたわけではない。

　したがって，会計理論や会計制度が経営者や株主や会計学者の合理化不能な

39　「個人主義を特徴とする社会では，個人と個人の結びつきはゆるやかである。人はそれぞれ，自分自身と肉親の面倒をみればよい。集団主義を特徴とする社会では，人は生まれた時から，メンバー同志の結びつきの強い内集団に統合される。内集団に忠誠を誓うかぎり，人はその集団から生涯にわたって保護される（岩井・岩井訳 [1995] 51頁）。」
40　「男性らしさを特徴とする社会では，社会生活の上で男女の性別役割がはっきりと分かれている（男性は自己主張が強くたくましく物質的な成功をめざすものだと考えられており，女性は男性より謙虚でやさしく生活の質に関心を払うものだと考えられている）。女性らしさを特徴とする社会では，社会生活の上で男女の性別役割が重なり合っている（男性も女性も謙虚でやさしく生活の質に関心を払うものだと考えられている）（岩井・岩井訳 [1995] 86頁）。」
41　「強制規定および法定統制を遵守することに対して，専門的判断を行使し専門家の自己規制の維持する選好（Gray [1988] p.8）」
42　「各企業が認識する環境にしたがう柔軟性に対して，企業間の会計実務を統一し会計実務を継続的にもちいる選好（Gray [1988] p.8）」
43　「楽観的・自由主義的・リスク選好的アプローチに対して，将来の不確実性に対処するために慎重な測定方法を採用する選好（Gray [1988] p.8）」
44　「透明性が高く広く公に報告する責任のあるアプローチに対して，経営・財務に深く携わる人たちのみに経営情報の開示を限定し極秘裏に扱う選好（Gray [1988] p.8）」

欲望や利害を合理化してはいけないのである。会計理論や会計制度は，第二定義が示すような，経営者や株主などの特定集団の自己表現でなければならない。「適正な期間損益計算」や「利害調整機能」や「投資家意思決定支援機能」といった会計目的は，特定集団の自己表現が適切に行われることで達成しうるのである。

　逆にいえば，近代会計学の概念が上記のようなイデオロギー的利益を保有していたとすれば，それは規範論としてなりたたなくなる。その場合には，対立する学派，たとえば批判会計学からの糾弾を受けることになるであろう[45]。それゆえ，規範論の概念は，言葉どおりの意味しか保有してはいけないし，その言説どおりに実務化されなければならない。したがって，近代会計学の概念は，少なくとも認識論的にも政治的にも特別な意味をもってはいけない。

　ここで重視されるべきは，会計の概念が，①会計と呼ばれる諸現象を横断的に首尾一貫して説明すること，②会計と呼ばれる諸現象が社会的に決定されたことを強調することであろう。ただし，近代会計学の概念をイデオロギー理論からみた場合，ひとつ大きな前提が存在する。それは，規範論が自己表現によって自分のアイデンティティを意識する論理であって，他者や制度ましてや経済的インセンティブなどによって行動を規制するものではないことであろう。

45　実際のところ，日本についていえば，引当金や減価償却会計などが企業の資本蓄積を進めたことなどが批判されている。

第2章　イデオロギー戦略をめぐって

1. はじめに

　Eagleton [2007] は，イデオロギーの定義以外においても，多くの重要な示唆をおこなっている。その中でも注目すべきは，イデオロギー戦略であろう。イデオロギーは，一定の機能や役割をもち，我々の生活の中を規定する方法をもっている。Eagleton [2007] は，これをイデオロギー戦略として，6つの戦略としてまとめている。すなわち，

　「意味や価値の総体，それも，特定の社会権力に関係ある利害をコード化する意味や価値の総体がイデオロギーであるという定義は，あまりに広すぎるために，これをもっと細分化する必要がある。こまかくみてゆくと，イデオロギーは，しばしば，統一化 (unifying) し，行動を志向 (action-oriented) し，合理化 (rationalizing) し，正当化 (legitimating) し，普遍化 (universalizing) し，自然化 (naturalizing) すると考えられている[1]。」

1　Eagleton [2007] p.45（大橋訳 [1999] 107頁）．

こうした戦略については，会計学においても注目を浴びることがある[2]。特に，ポストモダン会計学や批判会計学においては，「合理化」や「正当化」という言葉が頻繁に見受けられる。いわば，ポストモダン会計学や批判会計学は，「合理化」や「正当化」が会計の概念の果たす大きな役割としてみているからであろう。そこで，こうしたイデオロギー戦略という立場から会計の概念の使い方について検討したいと思う。

本章では，Eagleton[2007]のイデオロギー戦略を紹介するとともに，会計学に反映されていると思われている部分を大きく俯瞰する。なお，詳細な分析については，第2部と第3部に任せたいと思う。

2. 統一化と行動の志向

2.1. 統　一　化

Eagleton[2007]は，次のように統一化の戦略を説明している。「イデオロギーは，それを信奉する集団なり階級をひとつにまとめ，集団なり階級に，統一的な，ただし内的には差異をはらんだアイデンティティをあたえ，おそらくそうすることで特定の集団なり階級に対し，社会全体にある種の統一をもたらす力を与えるのだ[3]」したがって，イデオロギーは，部分的には不整合ではあるが，全体としては各集団をまとめて統一させようとする力がある。

この統一化という戦略は，批判会計学だけではなく近代会計学においても用いられる可能性がある。たとえば，「適正な期間損益計算」という言葉は，経営者や企業に対して適切な期間損益計算を薦めるアイデンティティを与える。ま

---

[2] たとえば，Mäkelä[2013]は，フィンランドの上場企業上位25社の年次報告書等における従業員報告を批判的に分析する際にEagelton[1991/2007]（大橋訳[1999]）のイデオロギー戦略を利用した。

[3] Eagleton[2007] p.45（大橋訳[1999] 107頁）．

た，監査人や株主に対してそのチェックや業績評価をおこなうようなアイデンティティを与える。このようにして，会計の概念は，企業会計にめぐる利害関係者に対して異なるアイデンティティを与えて，企業社会や社会全体が統一するように進める。

さらにいえば，「イデオロギーが他のイデオロギーとの関係なかで存在している[4]」ので，近代会計学と批判会計学の関係自体も統一化戦略の一つかもしれない。なぜなら，「支配的なイデオロギーが成功するには…中略…ひとびとのほんものの欲求や願望や欲望をあなどることなく内部にとりこんでいなければならない[5]。」そういった観点からみた場合，近代会計学と批判会計学の対立自体が会計学の統一を促していたのかもしれない。

統一化戦略は，会計学説の前提となっている部分であろう。しかしながら，統一化と次に述べる「行動の志向」が各集団を規定する力が弱くなってきているのかもしれない。

2.2. 行動の志向

Eagleton[2007]は，次のように行動の志向の戦略を説明している。「イデオロギーは，思弁的な理論体系ではなく，むしろ，ひとを行動へと促す(action-oriented)ような信念の集合であるとしばしばみなされる。問題となる観念が，どれほど小難しい理屈をこねまわし形而上的であろうとも，イデオロギー的ディスクールはそれらを『慣習実践的』状態へと翻訳せねばならない。つまり，これは，その観念の信奉者たちに，目標なり動機なり命令なりを授けることをいう[6]。」

「行動の志向」がすべてのイデオロギーに当てはまるものではないが，イデ

4　Eagleton[2007] p.45（大橋訳[1999] 108頁）.
5　Eagleton[2007] p.45（大橋訳[1999] 109頁）.
6　Eagleton[2007] p.47（大橋訳[1999] 113頁）.

オロギーが成功する条件を示している。すなわち、イデオロギーは、実践面と理論面の両面において機能させるとともにリンクさせなければならない[7]。イデオロギーは、「分析的で記述的な陳述」と「道徳的で専門的な規範」の混淆体であり、「事実に関する内容」と「道徳的な現実参加」を首尾一貫した体系にまとめることで行動を導く力を生む[8]。実際のところ、イデオロギー内部にはさまざまな異なる層があり、理論的なものと行為的なものがまじりあい途切れないようになっている[9]。

会計学においては、たとえば会計理論・会計制度・会計実務というレベルがあり、会計の概念は、各レベルにおいて成功しなければならない。たんに理論的な説明だけに終わっていても、制度や実務までに及ぶ「慣習実践的」状態とならなければ成功しないだろう。

3. 合理化と正当化

3.1. 合理化

Eagleton [2007] は、次のように合理化の戦略を説明している。「イデオロギーは社会的利害関係を『表現』するのではなく、社会的利害関係を合理化（rationalizing）すると、みなされることがある。…中略…合理化とは、その根底

---

[7] Eagleton [2007] p.48（大橋訳 [1999] 113頁）.
[8] Eagleton [2007] p.48（大橋訳 [1999] 113-114頁）.
[9] Eagleton [2007] p.50（大橋訳 [1999] 118頁）.「イデオロギー編成体を研究することは、そのもっとも分節化されたレヴェルと、そのもっとも分節化されていないレヴェルとのあいだの、複雑な一連のつながり、あるいは媒介を検討することである。組織化された宗教が、ここでは例として役にたつかもしれない。こうした宗教は、高度に難解な形而学的教義から、日常生活のルーティン化した行動を支配するところの厳密に細分化された道徳的規範にいたるまで、あらゆるところに浸透している。宗教とは、人間存在に関するもっとも基本的な問いかけと、個々人の生きかたとを、すりあわせる手続きそのものである。しかも宗教は両者の乖離を合理化するような教義や儀式も含んでいる（Eagleton [2007] p.50（大橋訳 [1999] 118頁））。」

において，精神分析的なカテゴリーである。J・ラプランシュとJ・B・ポンタリスの定義によれば，合理化とは，『真の動機が認識されていない態度や観念や感情などについて，論理的に首尾一貫しているか，倫理的に容認できる説明を，主体がしめそうとする手続き』である。イデオロギーを『合理化するもの』と呼ぶことは，その段階ですでに，イデオロギーに胡散臭い何かがあることをほのめかしている――イデオロギーは，擁護できないものを擁護しようとし，いかがわしい動機を，高尚な倫理的な用語によって糊塗しているというわけだ[10]。」

したがって，合理化戦略は，社会的利害関係を合理化するものといえるわけであるが，さらに深く突き詰めれば次のことがわかる。

「合理化という観点からすれば，イデオロギーとは，批判の対象になりそうな社会的行為に対して，もっともらしい説明なり正当な理由を提示せんとする多かれ少なかれシステマティックな試みとみることができる。この種の弁明行為は真実を，他人から，そしておそらくは合理化する主体自身からも隠すことになる。もしあらゆる社会的利害を，社会学者のパレート流に，おおむね情動的で非合理なものとみなすなら，あらゆる理論的イデオロギーは，ある種の精密な合理化，つまり非合理的，あるいは反合理的な情緒なり意見を，合理的とおぼしき信念によって置き換えたものとなる。このため合理化の構造は隠喩的である。一連の概念が，いまひとつの概念の代役となるからである[11]。」

すなわち，合理化戦略からみれば，真の概念と概念の代役が存在することになる。そして，概念の代役が合理的であったとしても，真の概念は，非合理なものであるかもしれない。批判会計学は，この点を深く追求するものであり，

---

10 Eagleton [2007] p.51 (大橋訳 [1999] 120-121頁).
11 Eagleton [2007] p.52 (大橋訳 [1999] 122頁).

近代会計学が非合理的な衝動を合理的な概念で置き換えていないかどうかをチェックしていた。ただし，概念（の代役）から（真の）概念を引きずり出すこと自体は他の会計学でも行われていることかもしれない。

しかしながら，近代会計学の概念がたえず「合理化」の戦略をおこなっていたわけではない。逆にいえば，批判会計学は，合理化の戦略に拘泥されすぎていたのかもしれない。その結果，批判会計学の一派は，会計の概念そのものを無意味と考えて，経済現象や利害に置き換えて考えるという極論に走ってしまったといえるのかもしれない。この点ついては，第2部以降の分析において改めて検討したい。

3.2. 正　当　化

Eagleton［2007］は，正当化（legitimation）が合理化と密接に連携していることを指摘した上で，次のように説明している。「正当化とは，支配階級が，従属階級の側に，権威の所在が支配階級にあることをすくなくとも暗黙のうちに認めさせるプロセスをいう。『合理化』と同様に正当化も，どことなくいかがわしさを漂わせ，その背後に，本来なら不法な利益を，まっとうなものにみせかけようとする欲求めいたものを暗示する[12]。」この定義からわかるように，ここでいう正当化は，支配の系統の正しさを示すものである[13]。

しかしながら，Eagleton［2007］は，正当化が必ずしも不純ではないことを次のように指摘する。「正当化が，利害関係者に合法性というメッキをかけることを意味せず，ただたんに特定の利害関係者を広く社会全体に受け入れてもら

12　Eagleton［2007］p.54（大橋訳［1999］127頁）．
13　澤邉［1998］は，Rortyに従って，正当化（justification）と正統化（legitimation）の違いを次のように説明している。「正当化は，個別の命題が個別の理由付けによって正しいと明らかにすることであるのに対し，正統化のほうは一連の命題が検討する意味を有していることを明らかにことである（澤邉［1998］29頁）。」本文は大橋訳［1999］にしたがって"legitimation"を「正当化」と訳していることに注意されたい。

えるように努力することを意味するだけかもしれない[14]。」このことからいえば、正当化は、肯定的にも否定的にも用いることができることがわかる。特に、情報公開という現象は、中立的な正当化にあたるのかもしれない。

批判会計学は、伝統的に正当化戦略も合理化戦略と関係しているかもしれない。いわば、不法な利益がどのように合理化・正当化されるかという研究であるからである。ただし、批判会計学を概観した場合、Eagleton [2007] のように「合理化」と「正当化」を区分している可能性は低いかもしれない。

4. 普遍化と自然化

4.1. 普　遍　化

Eagleton [2007] は、次のように普遍化戦略を説明している。「イデオロギーが正当性を主張するのに用いる重要な方法のひとつに、みずからを〈普遍化 (universalizing)〉すること、みずからを『永遠のものにする』ことがあげられる。価値なり利害が、ほんとうは、ある特定の場所や特定の時代に固有のものにすぎないのに、それらを、人類全体の永遠の価値や利害にみせかけること。ここで前提とされるのは、もしこの操作をおこなわないと、イデオロギーのもつ党派的・利己的性格がめだちすぎしまい、イデオロギー全般的な受容そのものが阻害されかねないということである[15]。」

ここからわかるように、普遍化戦略はある一時的な状況を永遠のものに変えてしまうことを意味する。すなわち、正当化戦略が支配・従属関係に注目していたのに対して、普遍化戦略はそれを永遠のものにするプロセスといえよう。したがって、歴史的なプロセスを観察する際に有用な見方になるであろうことが期待される。

14　Eagleton [2007] p.54（大橋訳 [1999] 127頁）.
15　Eagleton [2007] p.56（大橋訳 [1999] 130頁）.

近代会計学が非合理的な衝動を合理的な概念で置き換えていないかどうかをチェックしていた。ただし，概念（の代役）から（真の）概念を引きずり出すこと自体は他の会計学でも行われていることかもしれない。

しかしながら，近代会計学の概念がたえず「合理化」の戦略をおこなっていたわけではない。逆にいえば，批判会計学は，合理化の戦略に拘泥されすぎていたのかもしれない。その結果，批判会計学の一派は，会計の概念そのものを無意味と考えて，経済現象や利害に置き換えて考えるという極論に走ってしまったといえるのかもしれない。この点ついては，第2部以降の分析において改めて検討したい。

3.2. 正　当　化

Eagleton [2007] は，正当化 (legitimation) が合理化と密接に連携していることを指摘した上で，次のように説明している。「正当化とは，支配階級が，従属階級の側に，権威の所在が支配階級にあることをすくなくとも暗黙のうちに認めさせるプロセスをいう。『合理化』と同様に正当化も，どことなくいかがわしさを漂わせ，その背後に，本来なら不法な利益を，まっとうなものにみせかけようとする欲求めいたものを暗示する[12]。」この定義からわかるように，ここでいう正当化は，支配の系統の正しさを示すものである[13]。

しかしながら，Eagleton [2007] は，正当化が必ずしも不純ではないことを次のように指摘する。「正当化が，利害関係者に合法性というメッキをかけることを意味せず，ただたんに特定の利害関係者を広く社会全体に受け入れてもら

12　Eagleton [2007] p.54（大橋訳 [1999] 127頁）．
13　澤邉 [1998] は，Rortyに従って，正当化 (justification) と正統化 (legitimation) の違いを次のように説明している。「正当化は，個別の命題が個別の理由付けによって正しいと明らかにすることであるのに対し，正統化のほうは一連の命題が検討する意味を有していることを明らかにことである（澤邉 [1998] 29頁）。」本文は大橋訳 [1999] にしたがって "legitimation" を「正当化」と訳していることに注意されたい。

えるように努力することを意味するだけかもしれない[14]。」このことからいえば、正当化は、肯定的にも否定的にも用いることができることがわかる。特に、情報公開という現象は、中立的な正当化にあたるのかもしれない。

批判会計学は、伝統的に正当化戦略も合理化戦略と関係しているかもしれない。いわば、不法な利益がどのように合理化・正当化されるかという研究であるからである。ただし、批判会計学を概観した場合、Eagleton [2007] のように「合理化」と「正当化」を区分している可能性は低いかもしれない。

4. 普遍化と自然化

4.1. 普　遍　化

Eagleton [2007] は、次のように普遍化戦略を説明している。「イデオロギーが正当性を主張するのに用いる重要な方法のひとつに、みずからを〈普遍化 (universalizing)〉すること、みずからを『永遠のものにする』ことがあげられる。価値なり利害が、ほんとうは、ある特定の場所や特定の時代に固有のものにすぎないのに、それらを、人類全体の永遠の価値や利害にみせかけること。ここで前提とされるのは、もしこの操作をおこなわないと、イデオロギーのもつ党派的・利己的性格がめだちすぎしまい、イデオロギー全般的な受容そのものが阻害されかねないということである[15]。」

ここからわかるように、普遍化戦略はある一時的な状況を永遠のものに変えてしまうことを意味する。すなわち、正当化戦略が支配・従属関係に注目していたのに対して、普遍化戦略はそれを永遠のものにするプロセスといえよう。したがって、歴史的なプロセスを観察する際に有用な見方になるであろうことが期待される。

14　Eagleton [2007] p.54（大橋訳 [1999] 127頁）。
15　Eagleton [2007] p.56（大橋訳 [1999] 130頁）。

普遍化戦略も批判会計学が注目していたものと考えられる。通常，批判的な歴史分析は，価値や利害を特定の場所や特定の時代という初期条件に還元しようとする。その上で，歴史的プロセスで生じた搾取的あるいは構造的な社会関係などを暴いていくことになる。しかしながら，その歴史分析は，ある意味において「普遍化」を必然とすることも重要なことなのかもしれない。たとえば，現代の観点に立って，歴史を眺めるかぎりにおいて，現代の概念を普遍化しようする試みになってしまう[16]。批判会計学といえども，この観点から逃れることはできない。North[1981]も述べるように，新古典派経済史は経済史を「効率的な市場の発展」として描こうとするが，Marx経済史は，「階級闘争の物語」として描こうとする[17]。会計学においても同様の傾向があるのではないだろうか？

4.2. 自　然　化

Eagleton[2007]は，次のように自然化(naturalization)を説明している。「成功したイデオロギーはしばしば，その信念を自然なもの，自明なものとみせかける―社会の『常識』と一致させ，それ以外の信念を想像できないようにさせるのだ。…中略…社会的現実は，イデオロギーによって，イデオロギーと同一の広がりしかもたないものとして定義しなおされ，実際には現実がイデオロギーを生むという真実は覆い隠される。そのかわりイデオロギーと現実は，同時に生み出されたもののように思われ，両者は表裏一体化したものとみなされる。…この観点からすれば，支配的なイデオロギーは，対抗的な観念を，真正面から攻撃するのではなく，それを思考されるものの境界の外側に追いやってしまえばいいのである。イデオロギーが存在するとき，かならず，語ることは

16　Carr(清水訳[1962])にみられるように，歴史は過去と現在の対話という側面をもつ。そして，現在という観点から過去をみてしまうことにほかならないであろう。
17　North[1981] p.52(中島訳[1988]73頁).

おろか，思考することも禁じられたものが存在する[18]。」

ここで注目すべきは，会計の概念と社会的現実も同じものと定義しなおされ，同時に生み出されたものであることが主張されることである。この結果として，ある会計の概念が生まれた歴史的な背景が隠され，そのかわりに現在の会計常識と一致しているように見せかけられてしまう。普遍化と自然化は，批判会計学が会計の概念を批判する際に用いられてきたのではないかと考えられる。Eagleton [2007] が述べるように，「イデオロギーは歴史を『第二の自然』として凍結し，歴史を自然発生的なもの，不可避なもの，したがって変更不可能なものとして提示する[19]。」批判会計学も概念の歴史性が奪われていることに注目して，近代会計学の虚偽性を指摘してきたのではないだろうか。

したがって，イデオロギーは，概念から歴史を奪って虚偽を永遠のものにしようとするので，これを批判しようとする試みとして批判会計学を定式化できるのではないだろうか。このような通時的な見方は，以下のように「脱歴史化」と「速すぎる歴史化」としてまとめることができる。

5.「脱歴史化」と「速すぎる歴史化」

Eagleton [2007] は，普遍化と自然化の戦略を解説した後に，「脱歴史化」を次のような形で述べている。

「普遍化とおなじく，自然化も，イデオロギーの脱歴史化傾向の一部である。つまり，観念や信念が特定の時間や場所や社会集団に固有のものであることを，暗黙

18　Eagleton [2007] p.58（大橋訳 [1999] 135-136 頁）．
19　「これはまさしく社会生活の〈物象化〉であって，マルクスもこのことを，有名な商品フェティシズム論のなかで説いていたように思われる (Eagleton [2007] p.59（大橋訳 [1999] 136 頁))。」

的のうちに否定するからだ[20]。」

　批判会計学も「脱歴史化」という現象を捉えてきたのではないかと考えられる。たとえば，真実性や保守主義は，静態論の時代から現在まで存在する計算原理のひとつである。しかしながら，その意味や重要性は，時代や地域や社会ごとに異なるにもかかわらず，我々は，それらを一緒のものとして考えがちではないだろうか。この時点において，概念の普遍化や自然化がすでに行われている。そうしたイデオロギー手続きを弾劾することが批判会計学のアイデンティティであったのかもしれない。

　このように，虚偽の普遍化が批判的な見地から弾劾されてきたわけあるが，Žižek [1989]（鈴木訳 [2000]）は，それよりももっと「狡猾な」ものとして「速すぎる歴史化」というものを指摘する。

　「もし速すぎる普遍化が，その歴史的かつ社会-象徴的決定からわれわれの目をそらすための似非普遍的イメージを生み出すとしたら，速すぎる歴史化はわれわれをさまざまな歴史化／象徴化を通じてつねに同じものとして回帰する現実の核にたいして盲目にするのである[21]。」

　簡潔にいえば，「速すぎる歴史化」は，脱歴史化とは逆である。すなわち，観念や信念が特定の時間や場所や社会集団に固有であることを主張して，現実には同じことを繰り返していることを隠してしまう。たとえば，会計学でいえば，静態論と動態論の論争を20世紀前半固有の問題として封印して，収益費用アプローチと資産負債アプローチという同じような論争を展開する。現実には同じ構図が繰り返されているかもしれないのに，人々からそのことを隠してし

20　Eagleton [2007] p.59（大橋訳 [1999] 137頁）．
21　鈴木訳 [2000] 81頁。

まうことをいう。そして，新しい局面が登場して会計の新時代が登場したような表象[22]を与える。この表象こそが人を主体化するに際して重要な要素を握っているのではないだろうか[23]。

もしこの二つの現象がみられるとするならば，我々は，経路依存性[24]という概念を見直す必要性に迫られる。なぜなら，「脱歴史化」と「速すぎる歴史化」は，概念の経路を断ち切ったり，概念の経路を固定してしまったりする。イデオロギーは，因果関係における無限後退の鎖を奪ってしまう可能性がある。ここで重要なことは，批判会計学のように奪われることを問題にするのではなく，奪われる原因に目を向けなければならないということである。

6. お わ り に

本章では，Eagleton［2007］によるイデオロギーの定義と戦略を用いながら会計学の概念を整理してきた。この整理は，会計（学）の概念観を一貫して考察するための準備として用意したものである。結果として，近代会計学や批判会計学やポストモダン会計学とイデオロギー理論の整合性について概観することができた。これは，Eagleton［2007］がイデオロギーの現実としての機能形態や存在形態を重視していることから可能になる。

しかしながら，それは同時に会計学説の主張を具体的に検討したわけではない。したがって，本章で得られた知見をもとに会計学説を検討する必要があ

22　Eagleton［2007］によると，Althusserのイデオロギーは，真偽を問題にするのではなく，とにかく表象するものであるということができるであろう（Eagleton［2007］p.18（大橋訳［1999］55頁））。

23　Althusserのイデオロギー理論では，「主体」という概念が中心的な用語になる。このような傾向は，会計学では山地理論にみられる。具体的な考察については，今後の研究にゆだねる。

24　会計学における経路依存性の適用については，中村［2004; 2005］を参照せよ。

る。また，本章は，Eagleton [2007] からみえるモノを記述しただけにすぎない。それゆえ，研究方法としては，イデオロギー概念を固定した上で会計学説との距離や違いを記述したほうがよかったかもしれない。これらの点は，本章および今後の研究にとっても大きな制約になると思われる。

　上記のような限界はあるものの，Eagleton [2007] によるイデオロギーの定義と戦略は，批判会計学の理論的変遷を記述できるであろう。特に，宮上理論から始まる代表的な学説を整理し，会計学におけるイデオロギーの機能形態や存在形態をみいだすことができるかもしれない。そして，それは，現代の会計理論にとって必要な知見になるかもしれない。

　特に，「脱歴史化」と「速すぎる歴史化」は，因果関係の鎖を奪ってしまう可能性があり，その原因に目を向けなければならないことを示唆する。これは，我々の研究目標である経路依存に重要な示唆を与える。なぜなら，我々が経路依存と呼んでいる現象は，すでにイデオロギーによる概念操作を受けた後のことかもしれない。そして，その原因こそに現代会計学にとって必要なイデオロギーの意義が含まれているのではないだろうか。

第2部　批判会計学とイデオロギー

　批判会計学は，近代会計学のカウンターパートとして存在し，近代会計学では明らかにされない側面を明らかにしてきた。特に，Marx主義をその基盤としつつ，会計が個別企業のミクロ会計政策として機能しているだけではなく，マクロ会計政策として機能してきたことを指摘してきた[1]。日本の会計学は，おそらく近代会計学と批判会計学の存在をもって発展してきたといっても過言ではないだろう[2]。しかしながら，批判会計学は，近代会計学や既存制度を否定するという側面を持っていたため，あまり顧みられることがなかったように思える。

　実際のところ，本章の考察する理論の中にも，そのような傾向があることは確かである。しかしながら，批判会計学は，近代会計学が見逃してきた側面を指摘したことによって，会計学に貢献してきた側面まで否定することは誤りであるように思う。本章は，批判会計学の概念観，中でも公表会計制度論（上部構造論）が想定していたイデオロギーを取り上げる。しかし，第2部の目的は，既存の会計学が見逃しがちになる側面を見いだすことにあるとここに強調しておく。欧米批判会計学が強調するように，「もうひとつの理解（alternative）」が重要になるのであろう[3]。

1　津守 [2002] 序言。
2　山地 [2010] 30頁。

批判会計学のイデオロギーは，Marxの公式にもあるように「彼らはそれを知らない。しかし彼らはそれをやっている[4]」というところから始まる。ある説は，会計学あるいは会計諸制度すべてが無意識的に企業の資本蓄積・利益追求を合理化・正当化すると唱え，別の説は，財務諸表の公開あるいは企業そのものの利害を公開することが企業支配を密かに合理化・正当化していると唱える。いずれにしても，会計と呼ばれる現象の生み出す言説を何らかかの形を検討することによって，会計を定義していったように思える。

　分析にあたって，批判会計学のすべてを検討することは到底のところできない。そこで，通時的な流れを検討することによって，批判会計学のイデオロギーを掌握し，会計学のイデオロギー概念を検討する糧としたい。特に，宮上理論から山地理論という世代的な理論的変遷を検討することによって，批判会計学のイデオロギーから導き出されてきたものについて整理しておくことにしたい。

　3　Laughlin [1999] などを参照せよ。
　4　向坂訳 [1969] 134頁；鈴木訳 [2000] 46-50頁。

第3章　批判会計学のイデオロギー

1. は じ め に

　日本の批判会計学は，イデオロギー分析を援用していると考えられる研究分野のひとつと考えられる。たとえば，山地[1994]は，Marx主義と批判会計学の関係を明らかにしており，その際に批判会計学の考え方について検討した。また，田中[1976/1997]は，宮上理論を総括的に批判検討する中で，「会計の目的は，会計という論理的虚構を利用して経済的現実を『正当化』，『合理化』することである」という結論に到達している[1]。

　本章以降では，批判会計学とイデオロギーの関係について検討を加えたいと思う。この際，我々は，Eagleton[2007]を基礎にして批判会計学のイデオロギーについて検討を加えたい。考察に当たっては，日本の批判会計学の検討を加える足がかりとして，まず宮上理論と中村理論を取り上げる。両理論を取り上げる理由は，学説上の直系的な系譜を基にしているからである。一般的には公表会計制度論（上部構造論）と呼ばれる系譜に近いかもしれない。しかしながら，我々は，Eagleton[2007]を用いることで，直系的な系譜と異なる意味を明

　1　田中[1997]121頁。

らかにできるのではないかと考えている。

　本章では，まず批判会計学に共通するイデオロギーをEagleton[2007]を用いて概括するとともに，本章の会計学説を検討する方法を提示する。その後，宮上理論および中村理論を個別具体的に考察するとともに，それらの貢献と限界について検討していきたいと思う。つづく第4章は，宮上理論と中村理論の貢献と限界を受けて，批判会計学の論者がそれらをどのように乗り越えようとしたのかについて明らかにするだろう。

2. 批判会計学の分析に当たって

　批判会計学のイデオロギーは，Eagleton[2007]の第五定義「歪曲と捏造の操作」および第六定義「虚偽的あるいは欺瞞的な信念」として考えることができるのではないだろうか。両者を区別することなく，批判会計学のイデオロギーを「虚偽意識」と一言で片付けることもできるかもしれない。しかし，この虚偽意識の発生原因を階級に求めるか，資本主義の構造に求めるかで大きく異なるといえるかもしれない。Eagleton[2007]は，虚偽意識の発生原因を区別するために，第五定義と第六定義を区分しているといっても過言ではない。

　批判会計学では，この第五定義と第六定義を明示的あるいは暗示的に用いて理論展開をおこなっている。特に，第五定義は，会計の概念が虚偽意識による歪曲・捏造を引き起こすことを示す。突き詰めれば，会計の概念は，歪曲・捏造しかもたらさないという議論にもつながる。これに対して，第六定義は，会計の概念が虚偽意識による歪曲・捏造を引き起こすものの，それ自体は現実として現れてくることを暗示する。

　しかしながら，イデオロギーの定義だけでは批判会計学の議論を整理することは難しい。なぜなら，Eagleton[2007]が示すように，イデオロギーは，「合理化」「正当化」「普遍化」「自然化」などの様々な戦略を駆使するので，それら

第3章　批判会計学のイデオロギー　43

を同時並行で考察することが難しい。また，会計学説によってもイデオロギー戦略の力点が異なるため，分析を複雑にしてしまう可能性が高い。

そこで，我々は，批判会計学の議論を整理するにあたって，「合理化」の戦略に注目したいと考える。その理由は，次の2つである。1つは，Eagleton [2007] も述べるように，合理化戦略が正当化戦略とも連携しており，さらに正当性を主張するため方法のひとつとして普遍化戦略が存在する。その意味において，合理化戦略を考察することで他の戦略を補完することもできる。

もう1つは，合理化戦略が批判会計学の理論構築の基礎になっていることである。Eagleton [2007] は，Marxのイデオロギーを分析した際に次のような主張をおこなっている。

「今日にいたる歴史の流れにおいて，人間の生産活動に関わる社会関係は，搾取するものと搾取される者からなる社会関係であった。したがってこの搾取的社会関係は，法的，政治的，イデオロギー的観点から合理化され規定されなければならない。…中略…べつの言葉でいうならば，上部構造の概念には暗黙のうちにある種の制度に関する定義がふくまれている。その制度とは，物質生活から疎外されたものであり，支配的な力となって物質生活を圧迫するものである[2]。」

ここにいう「物質生活から疎外された制度」として会計をみることができる。つまり，会計の「制度」も搾取する者と搾取される者の社会関係を法的・政治的・イデオロギー的観点から「合理化」すると考えるのである。それゆえ，批判会計学は，会計と呼ばれる現象が階級支配の社会関係をどのように「合理化」しているかを検討する。こうした階級支配型会計学観は，宮上理論や中村理論に典型的にみられる特徴であろう[3]。

2　Eagleton [2007] p.81（大橋訳 [1999] 180頁）.

したがって，既存の文献研究でも明らかにされているように，こうした学説は，会計（簿記を含む）すべてを「論理的構造物[4]」あるいは「何も反映しない」もの[5]とみなし，その社会的・政治的影響（機能）[6]から理解するような方向へと導く。すなわち，会計から与えられる現実感は，現実を反映したものでなく，現実に対する欲望を照らしたものになっている。

最後に，批判会計学の考察に入るにあたって，批判会計学の基礎にある「疎外」という概念を整理しておこう[7]。ここでいう疎外とは，主体の活動が主体のコントロールを離れ，逆に主体を支配することを意味する[8]。問題は，この疎外の原因をどのように考えるかであろう。第五定義によれば，会計の概念は，搾取的社会関係を合理化する虚偽意識にしかすぎない。第六定義によれば，会計の概念は，搾取的社会関係を合理化するが，それ自体が経済活動を規定している側面をもつ。この違いが後述する宮上理論と中村理論の差としてみることになるであろう。

---

3 「こんにちの会計は，少数の反動的支配階級の独占的利益を保護し，広大なる勤労人民大衆を圧迫し，搾取する手段となっている（宮上［1955］219頁）。」
4 田中［1976］119頁。
5 藤田［2012］158頁。
6 小栗［2014］129頁，鈴木・千葉［2015］29頁。
7 Eagleton［2007］に従えば，Marxのイデオロギー分析は，疎外理論の一部として理解されている。そして，次のように概説している。「マルクスの議論によれば，ある種の社会状況のなかのでは，人間の能力や生産物や諸過程は人間主体のコントロールをすり抜けてしまい，自律的なものにみえてくる。このように人間の主導権のおよばぬものになった諸現象が，今度は逆に，人間そのものに専制的な力をふるうになり，いきおい男女は，実際には彼らの自身の活動の産物にすぎないものに対し，あたかもそれらを未知の外部の力でもあるかのように思いこみ屈伏してしまうのだ。したがって疎外の概念は，『物象化』の概念と結びついている―つまり，もし社会現象が人間の企てによる産物と認識されなくなれば，当然のなりゆきとして，社会現象は物質的な事象として認識されるようになり，社会現象は独立した不可避なものとみなされてしまうからである（Eagleton［2007］p.70（大橋訳［1999］157頁））。」
8 疎外概念の解説については，大塚［1966］を参照せよ。

3. 宮上理論のイデオロギー

　宮上理論は，会計現象全般を，いわば虚偽意識としてとらえ，何よりも「合理化」というイデオロギー戦略に注目したものである（虚偽意識―合理化）。宮上理論の分析は，会計理論・会計諸制度・会計政策など多岐にわたるが，ここでは宮上 [1966; 1969; 1979] を用いて会計学とイデオロギーの関係を確認したいと思う。まず，会計理論に関わる問題意識を宮上 [1966] から確認してみよう。

　　「こんにち，資本主義企業，とくに，独占企業は，その要求する公表財務諸表によって公表効果を収めるには，財務諸表のみでは不十分なので，これを補強し，公表財務諸表を合理化するための論理を必要としている。この論理の役割をもつものが，いわゆる会計理論・会計原則・会計諸概念等である[9]。」

　ここで Eagleton [2007] の合理化と突き合わせれば，宮上 [1966] が想定する会計理論は次のようにみえる。すなわち，会計理論は，「論理的に首尾一貫しているか，倫理的に容認できる説明」を提供するものであり，「擁護できないものを擁護しようとし，いかがわしい動機を，高尚な倫理的な用語によって糊塗している」ということになるであろう[10]。そして，ここでいう会計理論とは，虚偽意識そのものといってよいであろう。実際のところ，宮上 [1966] は，財産理論から損益理論への移行，資産概念の変化，資金理論の生成などが現実の隠蔽要求（独占的高利潤隠蔽の要求）を合理化・美化するものとしてみるのである[11]。

　9　宮上 [1966] 2頁。
　10　Eagleton [2007] p.51（大橋訳 [1999] 120-121頁）。

次に，会計諸制度，特に制度的利益についてみてみよう。宮上［1969］は，制度的利益が独占資本主義のもとで「独占企業の法則性・独占的高利潤の法則によるところの減免税，配当抑制などの経済現象を促進せしめ隠蔽せしめる[12]」と述べている。それゆえ，宮上［1969］によれば，制度的利益は，現実の利益かのように標榜する，独占利潤の隠蔽手段あるいは独占企業の資本蓄積手段になる[13]。したがって，宮上［1966］は，会計諸制度が制度的利益を通じて独占企業による搾取を合理化していると主張している。

最後に，宮上［1977］は，会計現象を文書現象として分析し，それらを構成する用語と数との関係にまで踏み込む。ここでの分析は，会計現象すべてに応用できるように展開されており，虚偽意識─合理化のイデオロギーが会計現象全体に展開されたものといってよいだろう。

「会計において，理論が，とくべつに重要となっているのは，みぎ[14]の用語の顕示性という会計の特質によるのである。用語の文字どおりの意味での顕示，説明，宣伝ということが用語にとって生命なのである。その用語どおりの言説に意味が

---

11 宮上［1966］280頁。
12 宮上［1969］12-13頁。「制度的利益は，独占資本主義の諸矛盾が，激化しているという条件のもとで，独占資本主義の法則・独占的高利潤の法則の作用によるところの独占資本の減免税，配当抑制などの経済現象を促進せしめ，隠蔽せしめるという役割を担っているのであるから，その制度的利益は，企業の現実の利益であっては，減免税，配当抑制などの機能をはたしえないと同時に，その利益が，現実の利益ではなく，減免税などのたんなる挺子であるということであっては，減免税などの経済現象への隠蔽的，促進的役割は，果たさず，その利益は逆に，現実の利益であるというふうに標榜せられなければならないのである。このばあいに，要求せられているのは，現実の利益ではなくして，標榜としての利益である。このようにして，成立するところの，標榜としての利益が，公表財務諸表上の制度的利益にほかならない。」
13 宮上［1969］21-22頁。
14 「用語は，その顕示性によって，用語の存在理由を主張しうるのであるから，その顕示性の展開が，用語にとっての生命となる。このため用語は，日常用語であるのみなく，流行語であることを要し，また時代の魅力的な論理によって誇示せられねばならない。」(宮上［1979］18頁)

第3章　批判会計学のイデオロギー　47

あるのであって，それ以外のところに意味があるのではない。まして，その言説のとおりに実務化されるというところに意味があるのではない。したがって，用語は，会計にとっては本質的要因ではなく，必要不可欠の要因ではあるが，千変万化をも辞することのない偶有的な要因なのである[15]。」

「しかるに，会計にとって，本質的要因となっているのは数である。数は，会計の機能にとって生命であり，この機能によって，税，配当，公共料金などの経済現象のうえでの金額と関係することができるのである。数は，会計上の数として，みぎの経済現象のうえでの金額に結びつくところに意味があるのであって，それ以外のところに意味はない。しかし，みぎの経済現象上の金額とむすびつく会計上の数（決算上の利益の金額）のみに意味があるのであるから，その計算上の操作は，会計上の結果としての数を数学的に合理的なものとなすようなものであればよいのである[16]。」

宮上［1979］は，会計現象特有の用語をイデオロギー（虚偽意識）として偶有的要因とし，残った数値をその本質的要因として経済現象へと結びつけていく。ここからわかるように，宮上理論にとって，会計現象は，客観的現象[17]ではなく，経済と関係することによってその素質を明らかにする[18]。実際のところ，宮上［1979］では，会計制度現象（会計理論・会計監査・会計実務等）が経済現象

15　宮上［1979］18頁。
16　宮上［1979］18頁。
17　宮上［1979］47頁。宮上理論では，会計現象は客観的現象ではない。「会計現象は，客観的経済法則の支配のもとで成立する経済現象に規定されて成立し，」その法則に従属して成立している。そして，客観的なものの転化を媒介する主観的契機が，制度といわれるものであると論ずる（宮上［1979］85頁）。
18　宮上［1979］66頁。宮上の議論によれば，会計表現形式はその外貌化を外貌化ではないようにみせかけるための手段あり，会計現象は，客観的現実としての経済現象を社会的に合理化させるために機能しているにすぎない。

（税，配当，公共料金等）の要求に基づいて経済現象を合理化・合法化していると述べる[19]。このような見解に基づけば，会計現象すべてが独占利潤を隠蔽する制度しかない。したがって，Eagleton [2007]の議論とつき合わせてみれば，「偽りの意識を克服するには，偽りの意識を生んだ社会的矛盾と格闘することが必要[20]」になる。宮上理論も隠蔽や歪曲を生む社会矛盾（概念や制度）を暴きだし，それらの仕組みと闘争していくことになる[21]。

ただし，上記の議論は，あくまでもイデオロギーの認識論的意味から抽出されるものである。ゆえに，イデオロギーの政治的意味から宮上理論を考察すると，別の面に焦点があたる。つまり，会計制度が「一国経済政策遂行の一環[22]」として用いられるという点に注目が集まる。たとえば，宮上［1959］では，次のような会計政策に通じる論点を明らかにしている。

「たんに，一部の企業にたいして，法的，制度的，思想的恩恵が付与せられ，それが『資本蓄積』や『独占資本の回復』に寄与し，中小企業や一般株主への負担をいっそう加重にしているというだけではない。もっとも重要な点は，それによって齎らされた社会経済的な支配体制の性質であろう。会計政策とも称せらるべき一国の経済政策に支えられ，それに援助されて，直接的には，企業の経済過程が変更，創造せられ，全体的には，一国の経済過程が強力に変更されていくという過程とその性質が重視されねばならない。しかもこの過程が，ただに，一国における資本の力によらず，国際資本に従属しながら，それに援助されて，なし遂げられているという点に，この政策の特別な性質がある[23]。」

---

19 宮上［1979］79-93頁。
20 Eagleton [2007] p.79（大橋訳［1999］175頁）．
21 Eagleton [2007]は，概念を社会的起源に還元することがマルクスとエンゲルスの主張ではないと述べている（Eagleton [2007] p.79（大橋訳［1999］175頁））。
22 宮上［1959］1頁。
23 宮上［1959］32-33頁。

第3章 批判会計学のイデオロギー　49

　宮上 [1959] では，減価償却や引当金や保守主義評価などを通じて企業の秘密積立金を増やすばかりではなく，それが資本蓄積援助方策としても機能していることを指摘する。この観点は，Marx主義から展開されたものであるが，中立的な立場にたっても展開することが可能であろう。後述する津守理論や山地理論は，「マクロ会計政策」として位置づけ，イデオロギーの政治的意味を考察したものといってもよいであろう。

4．中村理論のイデオロギー

　宮上理論は，第五定義から「合理化」について扱ったものであり，会計の概念の虚偽性を追求することになった。しかし，第六定義から「合理化」を扱えばどのようになるであろう。イデオロギーは，どちらの定義でも歪曲や捏造を伴うことになるが，その原因が若干異なっている。すなわち，第五定義では，現実を隠蔽する偽りの意識でしかなかったが，第六定義では，同じく虚偽意識ではあるが，虚偽でも現実になるかもしれない。ここでは，中村理論を取り上げ，第六定義から「合理化」を考察したい。

　中村理論は，宮上理論と同様に会計政策の論点を明らかにするものである。中村 [1969] は，会計が「観念的に疎外された資本運動の自己認識手段[24]」であることを指摘した上で，会計政策を以下のように定義する。

　　「ここでいう『会計政策』とは，生成・発展し，また腐朽化しつつある金融独占体が，経済発展の各段階でもつ資本運動の，流通段階で取結ぶ諸関係の会計的表示方法をいい，その機能の主軸をなすものは，流通過程（財務過程を含む）での資本（したがってまた労働の）収奪である。…中略…『近代会計理論』ないし『会計学』

24　中村 [1969] 4頁。

は，このような階級的機能を果たすための会計政策の観念的総括であり，特にそれは独占体の超過利潤（創業者利得）の計画的確保を意識する点で，独占的高利潤獲得のための計算的体系を基底とする[25]。」

ここからわかるように，中村理論は，会計政策自体を資本の収奪であると考え，それが近代会計学によって合理化されてきたことを指摘している。この意味において宮上理論と同じく，会計が搾取する者と搾取される者の社会関係を「合理化」しているという点が伺える。では，中村理論では，搾取関係の合理化がどのようにおこなわれるのであろうか。この点を明らかにするために，中村［1969］の「独占形成期における創業者利得の会計」をみると以下のような記述がある。

「独占会計政策の基底となる理念は，独占高利潤の獲得と蓄積のための計算技術である。創業者利得は，独占的高利潤を予測して，独占形成時においてすでに，金融資本家達に先取りされた超過剰余価値部分であり，したがって創業者利得の会計は，独占会計政策の尖兵となるものである[26]。」

すなわち，中村理論では，計算技術が創業者利得を合理化していると述べている。宮上理論は，会計現象を経済現象へと還元するのに対して，中村理論は，会計理論を計算技術へと還元しているのである。したがって，中村理論は，宮上理論と異なって会計の概念を無意味とは考えていない。では，中村理論は，虚偽意識—合理化の図式を計算技術からどのように導くのであろうか。

その答えは「物象化」にある。「物象化」とは，LukácsがMarxの商品フェティシズム論から引き出した論点であり[27]，人間同士の関係が物同士の関係と

---

25 中村［1969］4-5頁。
26 中村［1969］39頁。

第3章　批判会計学のイデオロギー　51

いう空想的な関係となってあらわれることをいう[28]。中村[1953]の「簿記理論の魔術性」という論点は，簿記の物象化側面を記述している。まず，「簿記学は，…中略…資本の精神に於いて利潤把握の合理性と科学性を抽出されている。損益計算も従つて階級的な理論分析と綜合の中から形成されたものでそれは『論理よりも寧ろ経験の産物』が集積されたもので，そこには常に市民的な実利性に覆われている[29]」と述べている。その上で，簿記学を次のように指摘している。

「簿記学は階級的所産として常に形式的合理性を追求し一切の個別資本運動は勘定体系の枠の中にはめられ，包括的に貨幣数量化せしめられる。簿記的計算組織は一旦確立せられると計算それ自体が自動的に運行を始め，内在する会計原則に立脚して，企業者に対立するに至る。かくて計算ないし数字が経済行為を支配し，『計算を支配するもの』が『計算によって支配される』ようにみえてくる。計算そのものが客観的な事実として，非人間的な王座につくことは，『真実性の原則』や『単一性の原則』が表明する如くである[30]。かかる簿記計算の形式的合理性は，実は個別資本の立場，即ち前貸資本価値回収計算の立場であるから，そこでは全価値形成過程，より正確にいえば剰余価値形成過程は完全に無視され，従つて，剰余労働提供の労働者階級の立場からは全く実質的合理性，即ち客観的合理性に欠いている。」

中村[1953]の議論は，企業活動を簿記という技術であらわすことによって，その計算や数字が経営者や企業を支配し，労働者階級の立場を無視するこ

27　Eagleton[2007]p.97（大橋訳[1999]211頁）.
28　Eagleton[2007]p.84（大橋訳[1999]186頁）.
29　中村[1953]7頁。
30　中村[1953]8-9頁。

とを指摘する。この結果，真実性の原則や単一性の原則等の「一般原則が資本の集中もしくは集積のために実務上歪曲されていることを裏書せるものに他ならない[31]」と指摘するわけである。ゆえに，中村[1953]は，計算技術のイデオロギー的側面を指摘したものと考えることができる。

このような中村理論の視点や方法はLukácsと似ている。Eagleton[2007]によれば，Lukácsのイデオロギー分析は，全体性という観点から展開されている[32]。ブルジョワの意識は，物象化によって社会の集団的過程をバラバラに分解してしまう。その結果，我々は，部分を全体と勘違いしてしまうのである[33]。さらにいえば，Lukácsのイデオロギーは科学や真理や理論の対極にあるものではなく[34]，科学や真理や理論ももはや特定の階級イデオロギーの「表現」でしかない[35]。それゆえ，社会秩序を「全体化」してながめなければ真理というものに到達できないことを主張している。ここで重要なことは，いかに科学や真理や理論であったとしても全体化しなければ，イデオロギーになりかねないということであろう。

また，Lukácsのイデオロギー分析は，Marxの経済分析とWeberの合理化理

---

31 中村[1953]8頁。
32 「あらゆる階級意識形態はイデオロギー的である。けれども，イデオロギーのなかには，他のイデオロギーとくらべて，イデオロギー的であるようなものがある。ブルジョワジーの観点のどこがとりわけイデオロギー的であるかというと，それが社会編成体の構造を，全体として把握できていないことにある。ここでは物象化の効果の恐るべき効果が顔をのぞかせる。物象化は，わたしたちの社会的経験を断片化し解体してしまう。その物象化の影響のもと，わたしたちは社会が集団的過程であることを忘れ，そのかわりに，社会をあれやこれやの孤立した事物もしくは制度とみなすようになる。ルカーチの同時代人カール・コルシュが論じているように，イデオロギーとは本質的に提喩(シネクドキ)の一形式である。提喩(シネクドキ)とは，部分で全体をあらわす修辞学上の技法だが，イデオロギーの場合も同じで，わたしたちは部分を全体とかんちがいしてしまうのである(Eagleton[2007] p.95 (大橋訳[1999]206頁))。」
33 Eagleton[2007]p.95(大橋訳[1999]206頁).
34 Eagleton[2007]p.95(大橋訳[1999]206頁).
35 Eagleton[2007]p.95(大橋訳[1999]206頁).

論から導かれるわけである[36]が，中村理論も同様の方法をとっているといえる。その結果，中村理論は，簿記学が人間の非人間化を遂行する計算技術であると述べることができたのである。この点は，批判的研究において「生ける経営学，死せる会計学[37]」と述べられるように，企業の経営活動が人間的な活動であったにもかかわらず，簿記や会計によって孤立した事物や制度とみなすことに起因する。このような視点と方法が第六定義から「合理化」といえる。

　ここで宮上理論と中村理論を用いて，第五定義と第六定義の合理化を整理すれば次のとおりになる。宮上理論と中村理論では，会計が搾取関係の合理化するという観点では共通しているが，そのプロセスが異なる。宮上理論は，経営者が独占利潤や資本蓄積を隠蔽するために，用語を用いて数字を合理化するというものであった。これに対して，中村理論では，経営者が簿記・会計に支配されており，計算そのものが独占利潤や資本蓄積を合理化してしまうというものである。すなわち，宮上理論が「ものごとをあるがままにみない問題」を批判するのに対して，中村理論は「欺瞞的・偽装的な現実」を批判する[38]。

　このような虚偽意識—合理化が第六定義であると考えられる。極論すれば，

---

36 「ルカーチが『歴史と階級意識』のなかでマルクスの経済分析とマックス・ウェーバーの合理化理論とをつきあわせながら論じているのは，資本主義社会では，商品形態は社会生活のありとあらゆる面に浸透し，人間の経験を普遍的に機械化したり計量化したりして，人間の非人間化がおこるということだった。社会の『全体性』は数多くの個別的で特殊な技術操作へと分断され断片化される。そしてとどのつまりは，このように断片化された技術操作のそれぞれが，独自のなかば自立的な生命をおびるようになり，なかば自然の力となって人間の経験を支配するようになる。純粋に形式的な計算技術が，工場労働から官僚政治にいたるまで，あるいはジャーナリズムから司法制度にいたるまで，ありとあらゆる社会領域を覆いつくす(Eagleton [2007] pp.97-98 (大橋訳 [1999] 211頁)。」

37 この点については，以下のように片岡信之教授よりご指摘もいただいている。その趣旨は以下のとおりである。「経営学は，(原材料・部品のような)過去に対象化された労働に生きた結合労働(組織化された労働)にたいしてさらに対象化を重ねていく姿を，生きた労働の部分を中心として分析していくものであり，会計学は対象化され，価値として存在する世界(死んだ労働の世界)を中心として捉えるものである。」

38 Eagleton [2007] p.87 (大橋訳 [1999] 190頁)．

宮上理論は経営者が意識的に会計という虚偽意識を用いているのに対して，中村理論では経営者が無意識的にも会計という虚偽意識に操られてしまう。また，合理化戦略も「企業者による隠蔽」を合理化するのではなく，「簿記の合理性そのものの非合理」ということになる。

　以上のように，第六定義から合理化戦略を考えた場合，イデオロギーは，一面において合理的ではあるが，一面において非合理的である部分に潜んでいる。LukácsがWeber[39]やKant[40]を突き合わせてあきらかにしたように，イデオロギーは，非合理な側面と合理的な側面の両方をあわせもっているのである[41]。ここで重要なことは，ブルジョワの意識が簿記や会計に反映されてしまうために搾取関係の合理化が起こるということであろう。そして，中村理論の立場は，労働者階級が簿記や会計を正しく認識する理論を必要としていることになろう。

5. お わ り に

　批判会計学として，宮上理論と中村理論をEagleton［2007］の定義と合理化戦略から考察してきた。こうした批判会計学のイデオロギー概念は，どのよう

39　平井訳［1998］32-34頁。
40　平井訳［1998］73-74頁。
41　たとえば，次のような指摘がある。イタリアの社会学者パレートは，「人間の行為において非合理的要因が合理的なものよりも明確に優位である（Eagleton［2007］p.186（大橋訳［1999］388頁））」と述べる。また，Žižekは，「マルクスのヘーゲル批判」を取り上げて「現実の社会秩序を合理的全体性として捉えようとしたとたん，われわれはそこに逆説的な要素を含めなければならなくなる。その要素は，内的構成要素でありつづけながら，その症候として機能し，この全体性を普遍的・合理的な原理を壊してしまう。マルクスにとって現実の社会のこの『非合理な』要素は，いうまでもなく『合理そのものの不合理』（マルクス），プロレタリアートである。プロレタリアートにおいて，現実の社会に具現化された合理性はそれ自身の不合理性に出会う（鈴木訳［2000］38頁）」。なお，ここでいう「症候」とは，自分自身の普遍的要素を崩してしまう要素のことをいう。

な貢献を会計学にもたらし，その限界はいかなるものであったのであろうか。

　まず，宮上理論の貢献と限界について考察しよう。宮上理論は，会計現象を虚偽意識というイデオロギーの観点から検討したものといえるであろう。宮上理論は，会計現象の経済政策側面を見抜いたこと，会計現象における概念や理念などを虚偽としながらも，その機能や効果を検討した点で先進的なものであった。特に，会計現象が経済現象を合理化するために役立ってきたことを明らかにしてきた。

　しかしながら，宮上理論の限界は，会計現象を経済現象に還元して考えすぎたことにあろう。会計の概念は，たえず合理化戦略をおこなっていたわけではない。宮上理論は，会計の概念そのものを無意味と考えて，すべてを経済現象や利害に置き換えて考えるという極論に走ってしまった。極論すれば，経済現象が真実をあらわしており，会計現象は，虚偽にしか映らないということになろう。

　次に，中村理論の貢献について考察しよう。中村理論は，会計の概念が合理的であると同時に非合理であることを明らかにした。計算技術が物象化を通じて客観的事実として資本蓄積を合理化してしまう。したがって，簿記が科学性や合理性をもっていたとしても，どのように全体として反映されているかを見抜かなければならない。ここからわかるように，イデオロギーは，科学や真理や理論をも飲み込んでしまうので，たとえいかに高尚な理論を構築したとしてもイデオロギーに飲み込まれてしまう可能性がある。これは，Habermas[42]やEagleton[2007][43]において述べられているとおりである。

42　Habermasの基本的な視点は，「技術性合理性の拡大・深化というかたちをとるこうした脱イデオロギー現象こそ，もっとも現代的なイデオロギー現象なのだ（長谷川訳[2000]207-208頁)」ということにあろう。Habermasの言葉を使えば以下のとおりになる。「技術至上主義の意識は，一方で，利益の満足をただごまかすだけの不透明な隠蔽力をもたないから，先行するどのイデオロギーよりも〈イデオロギー性がすくない〉といえる。他方，科学を物神化する背景イデオロギーは，かつてはもろいものであった↗

しかしながら，中村理論は，Lukácsと同様に，いくつかの問題を抱えている。第一点は，階級意識や集団意識を過大評価してしまったことであり[44]，全体性や科学性に目を配れば真理に到達できると考えたことである。第二点は，資本主義の歴史における機械化や合理化の過程が疎外をもたらすものでしかないと考え，進歩的かつ解放的な面を無視してしまったことである[45]。第三点は，階級や集団とイデオロギーの関係を強く意識しすぎたことである。このうち，第三点が会計学を検討するにあたって重要であろう。Eagleton［2007］は，この点について次のように記述している。

「イデオロギーとは，競合と交渉の領域であり，そのなかでは，たえず活発な交流がある。意味や価値は盗まれ，変形され，さまざまな階級や集団の境界をこえて横領され，屈伏させられ，再所有され，屈折させられる。たとえば，支配階級は，

が，いまや支配的なイデオロギーとなり，旧式のイデオロギーよりも強固で広範囲のものとなっている。というのも，そのイデオロギーは，実践的な問題をおおいかくすことによって特定階級の部分的な支配の利益を正当化し，他の階級の部分的な解放の欲求を抑圧するばかりでなく，解放をめざす人類全体の利害にねらいをつけてくるからである（長谷川訳［2000］99頁）。」

43　Eagleton［2007］は，Althusser の科学とイデオロギーの区別を批判して次のように示唆する。「科学は，深いところでイデオロギーによる刷りこみをうけ，また，イデオロギー内部に組み込まれている―社会的に決定されたものの見かたという，イデオロギーという語の，中立的な意味においても，またもっと軽蔑的なごまかしという意味においても。現代の資本主義社会で，科学のどこがイデオロギー的かといえば，それは，あれやこれの仮説にではなく，科学の社会諸現象面にある。科学そのもの―世界を技術的・道具的な観点からみる方法の勝利を意味する―は，ブルジョワ社会をイデオロギーによって正当化する手段の重要な一翼をになう。なぜなら科学は道徳的・政治的問題を，専門家の計算によって解決できる技術的な問題にすり変えられるからである。多くの科学的ディスクールの真に認識にかかわる側面を否定することなく，科学が現代における強力な神話であると主張することは可能となる（Eagleton［2007］p.138（大橋訳［1999］290頁）。」

44　Eagleton［2007］p.103（大橋訳［1999］222-223頁）．

45　Eagleton［2007］p.103-104（大橋訳［1999］224頁）．中村［1984; 2002］によれば，資本主義会計学の改良主義は，大衆への実害だけをもたらすだけであると述べている（中村［1984］20頁；中村［2002］17頁）．

部分的に，前の時代の支配階級のイデオロギーを参照して『みずからの経験をかたちづくる』かもしれない。イギリスの上層ブルジョワジーの貴族趣味を思いおこせばいい。あるいは支配階級は，従属階級の信念を考慮に入れつつ，みずからのイデオロギーをかたちづくるかもしれない。―たとえばファシズムのように，資本主義における支配層が，中産階級ならびに下層階級の偏見や不安を，おのが目的にあわせて受け継ぐということもある。階級とイデオロギーとの間に，きちんとした一対一の対応などない[46]。」

ここからわかるように，イデオロギーには，キルティング作用[47]というべきものが存在する。「統一化」や「行動の志向」が明らかにするように，成功するイデオロギーは，さまざまな階層をもち，実践面と理論面や規範面と記述面などを首尾一貫した体系にまとめあげることで行動を導く力を生む。このため，概念同士の関係には推移的な関係[48]が成立しにくいことがわかる。

たとえば，キルティング作用は，近代会計学と批判会計学の関係を考えるとわかりやすい。山地［2010］は，近代会計学と批判会計学が一体となって会計制度の近代化の基礎を形作ってきたと主張している[49]。特に，「アメリカから強制的に与えられた企業会計原則ではあったが，その核心をなす計算原則は，やがて近代化学説で日本的経営の中に同化されていき，資金の集中を加速させていくことに役立ち，戦後の高度経済成長を支えた[50]」という側面をもつ。会計学においても，概念は，階級や学派や理論と実務を超えて活発な交流の結果と

---

46 Eagleton［2007］pp.101-102（大橋訳［1999］219-220頁）．
47 鈴木訳［2000］137-140頁．この点について，「パッチワーク」ではないかというご指摘もいただいた．
48 たとえば，推移性とは，$X \geq Y$かつ$Y \geq Z$であれば，$X \geq Z$という関係がなりたつことをいう．
49 山地［2010］30頁．
50 山地［2010］31頁．詳細については，山地・鈴木・梶原・松本［1994］17-41頁を参照せよ．

なっている。

　宮上理論や中村理論は，以上のような貢献と限界があるといえる。この原因は，2つの理論が真偽の問題（イデオロギーを虚偽とみなすこと）にとらわれていることにある。では，こうした分析を超えてイデオロギーを用いる方法はないのであろうか。現在の会計学の大半は，イデオロギーそのものを忌避してしまい，その意味においてイデオロギー的である[51]。このため，たとえ厳密な科学であったとしても，イデオロギーに飲み込まれたときに気づかないかもしれない。

　では，批判会計学の主たる限界は，どこにあったのであろうか。批判会計学がMarx主義を基礎としていることから考えれば，Eagleton [2007] が資本論の「商品のフェティシュ的性格とその秘密」から指摘した問題がその解決にあたって有用ではないだろうか。すなわち，

　　「人間が特定の利益や信念にもとづいて，ディスクールをとおし，いかにして物質的メカニズムを構築し解釈するかという問題がすっぽり抜け落ちてしまうのだ。ここでは人間主体は，ある種の客観的な効果をただ受け身のかたちでとりこむ者としてしかあらわれず，直接無媒介的に人間の意識に到達する社会構造のなすがままである[52]。」

　このことからわかることは，批判会計学のイデオロギーは，①人間がイデオロギーに対して受動的になる理由が不鮮明であること，②そしてなによりもプロセスがなおざりにされていることが問題であるということになろう。した

51　Eagleton [2007] は，イデオロギーを攻撃するにはイデオロギーをその思考されるものの境界の外側に追いやってしまえばいいと述べる。そのことからすれば，イデオロギーを無視することは，逆にイデオロギー的といえる（Eagleton [2007] p.58（大橋訳 [1999] 136頁））。

52　Eagleton [2007] p.88（大橋訳 [1999] 193頁）。

がって，批判会計学を超えて分析するにも批判会計学のイデオロギーを用いるに際しても，この問題を重点的に考えなければならないであろう。次章では，批判会計学がどのように上記の問題に対して，対応してきたのかについて検討したい。

第4章　批判会計学の系譜

1. はじめに

　我々は，Eagleton [2007] の数々の指摘からどのように批判会計学をみればよいのであろうか。批判会計学とイデオロギーとの関係を考察することで，この疑問に一定の方向性を得たいと思う。大きく分けて二つの方向性があるように思う。そこで，本章では，以下の二つの方向性について模索したいと思う。

　ひとつは，Eagleton [2007] の述べるように，観念の虚偽性を真実や現実の一部とすることである。これは，第六定義を維持したままでの解決策といえよう。したがって，イデオロギーは，歪曲や捏造といった操作を伴うが，我々の生活をひそかに条件づけている側面を持つ。特に，Eagleton [2007] は，イデオロギーを「生きられた関係」としてみなしており，イデオロギーの原因や機能に目を向ける必要があるといえるであろう。

　もうひとつは，観念の真偽の問題を問わず，主体がある社会の中でどのように形成されていくのかということに焦点を絞ることである。この場合，イデオロギーは，言説として相対化されることになり，第三定義や第四定義のように中立化していくことになる。いわば，ポストモダニズムや社会的構築主義などが採用する方法であるといえる。

どちらの見解をとるにしても，我々は，宮上 [1979] のいう「用語の文字どおりの意味での顕示，説明，宣伝」の重要性を再検討せざるをえなくなる。イデオロギーは，利害だけに還元されることなく，かといって文化や世界観などのように透明な陳述ではなく，現実をいつのまにか条件づける。津守理論や山地理論は，このようなイデオロギー観の延長線上に存在している。以下では，この見解の違いを「津守理論のイデオロギー」と「山地理論のイデオロギー」として記述していくことにしたい。

2. 津守理論のイデオロギー

Eagleton [2007] の主張に基づけば，イデオロギーは，たんなる虚偽意識ではなく，「生きられた関係」として現実を条件づけるものである。それゆえ，イデオロギーは，虚偽であったとしても現実を条件づける可能性があり，たえず合理化や正当化を伴うわけではない。このような概念観は，Weber＝大塚史学にみられるような見解に近いかもしれない。たとえば，大塚 [1966] は次のように述べている。

「ヴェーバーは，こうした利害状況というものが歴史過程のなかで諸個人を動かしていくのだが，歴史の曲がり角ともいうべきようなところでは，やはり理念が決定的な作用することになる，ということです。つまり，新しい，より高い理念が出現して，歴史のなかでそれを動かしていく利害状況にまったく新たな道をさし示すことになる。つまり，歴史の進む方向をぐいとまげる。そして，そのあとは利害状況が，こんどはその新しい路線のうえで歴史を進めてゆくことになる[1]。」

1　大塚 [1966] 212頁。

Weber＝大塚史学は，歴史過程における議論であるが，政治過程においても同様の議論を展開することが可能である。この際重要になるのは理念が利害の背後に控えており，重要局面においては理念が諸個人を動かす可能性があるということである。逆にいえば，主体は，通常，利害状況に基づいて行動するが，歴史の曲がり角ではそうではないのである。

津守理論は，表面上のところ，Weber＝大塚史学に似ており，第四定義のようにもみえる。すなわち，民主主義という理念が会計の概念の上位にあり，支配的な社会権力の活動を正当化しているのである。したがって，上位概念を用いてあえて自らの利害を合理化しないほうが，自らの利害関係を有利に結びつける状況もありうる[2]。それは，みずからの利害を一定程度において公開することであり，そうした効果が会計情報の公開・公表にもあると考えられうる。

このように，津守理論は，宮上理論や中村理論と異なって，公開性という理念をある意味において認める。しかし，それは，あくまでも利害の対立を一時的に解決するために利用されるものである。したがって，津守理論は，宮上理論にみられるように，会計制度の虚偽性を認識したものでもある。津守［1962］は，財務諸表公表制度の虚偽性を次のように指摘している。

「財務諸表公表制度・配当計算制度は，株式会社制度の重要な一環である。しかるに，株式会社制度は，一面では現実の株式会社を基礎として構築された制度でありながら，他面ではきわめて濃厚な虚偽性をおびた制度として存立している。すでに企業の株式会社という形態は，信用関係における支配株主対一般株主の対抗関係を前面におしだし，資本主義的企業ひいては資本主義に内在する生産関係における基本的な関係を隠蔽するために一定の役割をはたすが，株式会社におけるかかる株主間の対抗関係をすら隠蔽し，それを株主一般の関係という擬制的な関係

2　Eagleton［2007］p.53（大橋訳［1999］123頁）．ただし，Eagleton［2007］は，これを自己欺瞞にすぎないと述べている。

にすりかえてしまう。かかる意味において，株式会社制度は，A・A・バーリのいわゆる『虚構の産物』a matter of fictionにほかならず，公表会計制度とは，かかる『虚構の産物』として株式会社制度の一環として構築されたものにほかならない[3]。」

ここでいう「濃厚な虚偽性をおびた制度」が示すように，津守理論は，宮上理論と同じように，財務諸表公表制度が合理化・美化・隠蔽を促進するという特徴をよくとらえている。しかし，それは，Eagleton [2007] の第六定義と同様に，現実を基礎として構築された制度であり，我々の生活を条件づけている。一言でいうならば，津守理論は「上部構造論的」といえるかもしれない。そのような特徴を保持しているがゆえに，津守 [2002] は，宮上理論とは異なる形で，以下のような形で財務諸表公開制度を定義する。

「財務諸表公開制度は，公開性に対する一般的・伝統的な『心からの信仰』を利用しながら，かかる社会的コンフリクトの一時的解決のための唯一一致しうる最善の方策として，新たな意義を付せられて活用されることになる。なお，極論すれば，この場合，ここの企業の財政状態・営業成績に関する個別的な計算・表示そのものが社会的コンフリクトの一時的解決に何らかの形で役立つ否かは直接的には問題ではなく，問題はむしろ社会的コンフリクトをあたかも『会計問題』に集約されうるかのように置き換え，このコンフリクトの一時的解決のための最善の方策としての公開性を意識的に全面に押し出すという点にある[4]。」

ここからわかるように，津守理論は，公開性や民主主義という理念が強力な「神話」のように機能して社会的コンフリクトという現実を解決するために役立つことを指摘する[5]。すなわち，社会問題が会計問題を通じて公開性や民主

3　津守 [1962] 5頁。
4　津守 [2002] 13頁。

主義の議論に達したときに，それ以上の無限後退を許さない「予断」が作られる。そして，その構造は，従来の批判会計学流の合理化を否定するものではなく，社会的コンフリクト（真の概念）が会計問題（概念の代役）にすり替えられるという合理化である。それゆえ，津守理論は，民主主義という構造を通じて支配を合理化するというイデオロギーの政治的意味を以下のように強調する。

「公開は，一面においては，情報の公衆化・社会化をつうじて，公開客体の『公衆』化，すなわち公開主体の支配・影響下への公開客体の組込みを実現する。だが，同時に，『公開』は，このような支配という実質を具えながらも，公開という形態そのものをつうじて，この支配という実質を民主主義的な形態に転化せしめる[6]。」

したがって，津守理論は，批判会計学流のイデオロギーを次の二つのものから構成したものといえる。ひとつは，宮上理論とおなじくイデオロギーの政治的意味（支配階級の道具としての観念）を意識しているところである。もうひとつは，中村理論にみられるように社会全体の構造から生じる「欺瞞的・偽装的な現実」を意識した点であるといえる。ゆえに，津守理論は，第六定義からイデオロギーの政治的意味を考察したであり，財務諸表公開制度の合理化と正当化の問題を取り上げることになる。

---

[5] 津守理論を解釈することは大変に難しい問題である。しかし，大胆に解釈するならば，HorkheimerとAdornoの『啓蒙の弁証法』が有用かもしれない。すなわち，神話が啓蒙へと移行したように，社会問題が会計問題を通じて民主主義的なプロセスへと移行する。それは，呪術から解放であったにもかかわらず，一種の新しい野蛮状態に落ち込んでいく。それゆえ，HorkheimerとAdornoは，神話が啓蒙であり，啓蒙は神話に退化すると指摘した。津守理論は，「現存のものと技術を操作する権力と偶像化という意味しかもたない（徳永訳［2007］16頁）」イデオロギーとしての会計手続きを批判したものではないだろうか。

[6] 津守［2002］39頁。

ここで会計学の問題意識に落とせば，会計の概念は，民主主義を利用しながら支配を正当化するという側面をもつとともに，公開そのものが社会的コンフリクトを解決している。特に，津守[2002]は，FASBの概念フレームワークの問題などを通じて，公開そのものが「規制回避」「規制利用」「合意主義」などに実質的に歪曲されてきたことを示唆する。いわば，会計政治化とは，公開主体が公開客体に対して権威のあることを主張するプロセスであるとともに，支配を正当化するプロセスといえよう。

したがって，津守理論の真髄は，「公開」を「支配」へと転化する，あるいは「規制」を「規制回避」へと転化するような傾向が再生産されている様子を描くことにある。すなわち，財務諸表公開制度は，「『罰則よりも公開を(publicity rather than penalty)』という思想を具体化した国家統制の民主主義的・自由主義形態[7]」を前提としながら，「規制」と「規制回避」との相克の問題になるということであろう。津守[2002]は，米国会計基準の制度的枠組みの構造を以下のように記述している。

「まず，(1)直接的統制か間接的統制（公開制度）かという統制形態の問題が提起されて後者が選ばれ，ついで，(2)公的統制か私的統制かという統制主体に関わる問題が提起されて後者が選ばれ，最後に，(3)画一的会計基準か選択的な幅のある会計基準(GAAP)かという会計基準の在り方に関する問題が提起されて後者が選ばれるという順序で選択が行われ，これら(1)間接的統制（公開制度），(2)私的統制，(3)幅のある会計基準(GAAP)という素材を元にして，三層をなす重層的な構造が制度的に定着させられたものである。

しかも，この歴史的過程の分析から得られる今一つの結論は，これらの三層をなす制度的枠組みが単なる重層的な構造にとどまるものではなく，(1)の「公開制度」

---

7 津守[2002] 390頁。

は直接的統制を回避するための統制形態として，(2)の「私的統制」は公的統制を回避するための方式として，(3)の「一般に認められている会計原則」は会計方針の画一的適用を回避し，かなりの幅のある選択基準を認める概念として，いずれも，an sichには「規制」制度でありながら，für sickには「規制回避」という共通項で結ばれた規制回避形態の三重の組合せ構造をなしているということである。その基礎に規制者と被規制者との利害の対立，公益と私益との対立が厳存することはいうまでもない[8]。」

しかしながら，津守理論は，会計政治化を論点としながらも，その前提にはみずからの利害を公開して訴えるという民主主義的な理念を置いている。そうでなければ，宮上理論と同様に，主体は，利害を隠蔽することで最大の利益を享受することができるはずである。わざわざ自らの損にみえる情報公開をみずから行うことなどは，宮上理論では想定されていない。

ただし，自らの利害を公開することは，その支配を隠蔽することに繋がる。ここが宮上理論から津守理論へのイデオロギー概念の変遷で大きなところではないだろうか。すなわち，津守理論は，財務諸表公開制度の虚偽性と公開性という両義性があるために，財務諸表公開制度をすべて経済現象や利害へと還元するようなことはしない。

このように，津守理論は，批判会計学流のイデオロギーを用いるにもかかわらず，その方法は，表面上のところ，Weber＝大塚史学に似ている。そのような傾向をもつのは，津守理論が「合理化」よりも「正当化」というイデオロギー戦略を意識していることにあるのではないだろうか。たとえば，津守［2002］は，合意主義による理論形成を思想領域における普遍的現象としてRortyの見解を引いて次のように述べている。

---

8 津守［2002］391頁。

「『論理実証主義革命は哲学者のイメージを学者から科学者に変えた』が，『論理実証主義以後の分析哲学への移行において，科学者というイメージあまりはっきりしない別のイメージへと置き換えられるようになった。おそらく現在，分析哲学者に一番ぴったりするモデルは，学者でも科学者でもなく，弁護士であろう。』『伝統的な人文学者の課題のほかには，われわれは，ただ弁護士がすることをしているにすぎない。つまり何であれ，われわれの依頼人が決定したことに論拠を与え，選ばれた論点がよりよく見えるようにすることがそれである』。このようなR. Rortyの主張の基礎には，『或る与えられた社会—私たちの社会が—探求のあれこれの場面で用いる正当化の熟知の手続きの記述を離れては，心理や合理性についても何も語られ得ない[9]。』

もちろん，ここでいう正当化の意味がEagleton[2007]と同じかどうかを別にしても，津守理論は，宮上理論や中村理論の合理化と異なっている。このような問題意識を発展させていったものが澤邉[2005]や大石[2000]や真鍋[2003]や山田[2009]の研究であり，「正当性」という視点から基準設定やその権威について考察したものであろうといえる。この場合，正当性の源泉を追求することは，利害の背景にある理念やその手続きを見い出す津守理論のスタイルに準じている。それは，概念をできるだけ利害に還元した上で，それでも残る理念を概念基礎とする一種の背理法であろう。

しかしながら，津守理論は，批判会計学の限界を根本的に解決するものではなく，真偽の問題をある意味において棚上げしている。また，公開性や民主主義という理念は，たしかに会計の上位理念としての「神話」のように機能しているが，それだけを特別視することにも限界があるのではないかと思われる。それゆえに，イデオロギーを根本的に問い直す必要があるかもしれない。

9　津守[2002]151頁。

たとえば，Eagleton [2007] の指摘どおりに観念の虚偽性が現実を条件づける「生きられた関係」となると考えるか，あるいはポストモダニズムや社会的構築主義のように真偽の問題を相対化する必要があるだろう。もし前者を採用するのであれば，Žižek の主張が有用かもしれない[10]。イデオロギーは，現実から逃避するための幻想ではなく，自分自身の欲望の〈現実界〉をみないための目隠しであり，社会的現実そのものを提供しているのではないだろうか[11]。すなわち，「問題となる表象の真偽を問いただすのではなく，その表象をなんらかの欲望を暗号化しているものと把握すること[12]」が重要になるのであろう。

3. 山地理論のイデオロギー

津守理論と山地理論は，多くの場合，同じ問題意識の上に位置づけられることが多い。これは，津守理論も山地理論も民主主義的な理念のもとでの正当化を取り上げることからである。しかしながら，山地理論は，批判会計学の限界を意識した上で，展開されている。たとえば，山地 [1994] は，津守理論を含む批判会計学の主張を次のように2段階に分けて表した上で，第二段階の主張を納得できないとする。すなわち，

---

10 「イデオロギーは，われわれが堪えがたい現実(リアリティ)から逃避するためにつくりあげるような夢のような幻想などではない。イデオロギーはその根底的な次元において，われわれの「現実(リアリティ)」そのものを支えるための，空想的構造物である。イデオロギーは，われわれの現実の社会的諸関係を構造化し，それによって，ある堪えがたい，現実(リアリティ)の，あってはならない核…中略…を覆い隠す『幻覚』なのである。イデオロギーの機能は，われわれの現実からの逃避の場を提供することではなく，ある外傷的な現実(リアリティ)の核からの逃避として，社会的現実そのものを提供することである(鈴木訳 [2000] 73-74頁)。」

11 Žižek の主張から考えた場合，真理も虚偽も偏っているものなのかもしれない。「真実とは偏っているもので，人がある立場をとったときだけ近づける，だからこそ普遍性をもつものだからだ(栗原訳 [2010] 15頁)。」

12 Eagleton [2007] p.184 (大橋訳 [1999] 383頁)。

第4章　批判会計学の系譜　69

「まず，近代（ブルジョワ）会計学者の学問的認識は，現実をそのまま無批判に模写するという特徴をもっており，実はその現実が本質の転倒して現れた世界（現象形態）なのだということに気づいていないとするのが第一段階の主張である。第二段階としては，近代会計学者の論理は，本質と無関係に認識された現状（あるいはその趨勢）を肯定する論理と化しているという主張である。…中略…しかし，第二段階の論理ないし主張は明らかに，納得できるものではない。もし個別企業の経営政策（会計手続きの選択をも含む）と利害的に無関係な会計学者が，無意識のうちに，結果的には個別企業の資本蓄積に有利な会計処理方法を肯定するとするならば，それは会計の次元における動機のみにては説明がつかないように思われるのである[13]。」

会計学者が利害と無関係かどうかは別として，山地理論は，「特定の利益や信念にもとづいて，ディスクールをとおし，いかにして物質的メカニズムを構築し解釈するか」を問題とする。それゆえ，山地［1994］は，経営側が一般大衆を抱き込む，いわば宥和化的支持獲得機能であるという能動的な情報公開であるとする。したがって，山地［2000］は，主体が「複数の個人の能動的主観性に共通する間主観性と言うべきもの[14]」（理念）をもって機能すると捉える。この能動的主観性に共通する間主観性が津守理論と山地理論の大きな違いとなろう。

ただし，山地理論は，批判会計学が重要な要素としてきた「疎外」によく似た論点を否定するものではないと考えられる。特に，山地［1994］は，「ゼルズニックの民主主義の基本的弱点」を次のように評しており，宥和化的な支配が可能であることを示している。

---

[13] 山地［1994］56頁。
[14] 山地［2000］91頁。

「民主主義が理念的には大衆の側の総意を反映させる統治システムであるのだが，実質上それが実際社会で機能するときには，ややもすると統治される側がその総意を統治する側に伝達する努力を怠り，その結果，統治する側の官僚組織の意志の下に統治されることがありうる[15]」

したがって，山地理論は，イデオロギーから虚偽意識という意味が消えて，その代わりに，Eagleton[2007]が述べるところの第3定義「党派的利害関係の促進と正当化」や第4定義「支配的な社会権力の活動」が台頭してくる。そのような意図からすれば，たとえば，アメリカ政府の企業規制に対する民主主義的政治思想が「民主主義的情報公開」の基盤を形成するのも当然である。山地[1994]では，Hamilton（最低限度基準思想）[16]とJackson（自由契約思想）[17]の政治思想の妥協点としてJeffersonの中間的政治思想[18]がマサチューセッツ州の鉄道規制委員会規制を形成したと主張している[19]。

ここからわかるように，山地理論では，「イデオロギーとは『ディスクール』の問題だということになる。イデオロギーは，誰が，何を，何のために，誰にむかって語るかという問題と密接な関係にある。イデオロギーは，発話と，その社会的コンテクストとの関係の函数なのである[20]。」したがって，山地

---

15 山地[1994]79頁。
16 「ハミルトンの思考は，…中略…厳密な最低限の州規制の下で私的に管理された経済を目指すという方向」である（山地[1994]91頁）。
17 「ジャクソン民主主義の基調は，ある論者によって『負の自由主義』として特徴付けられ，基本政策である政府介入を最低限に抑え，各個人の自由を保証するという考え方」である（山地[1994]96頁）。
18 Jeffersonの政治思想は，Hamiltonの政治思想やJacksonの政治思想とは異なり，大衆の立場に立ちながら大衆とは一線を画した政治思想である。それは，「大衆を抱き込み宥和化した権力闘争」であり，それが「大衆そのものが権力を握る闘争」であるかのような色彩をもってくることになる（山地[1994]97頁）。
19 山地[1994]87-151頁。
20 Eagleton[2007] p.9（大橋訳[1999]37頁）。

第4章　批判会計学の系譜　71

[2007]などは，以下のように批判会計学と自らの会計学を以下のように対峙した形で表現している。

「マルクス主義の言うイデオロギーはその背後に『虚偽性』がつきまとい，近代学の虚偽性と唯物論の真理性が主張されたが，言説にはどれが真理でどれが誤りという区別はなく，いずれもが相対的な言語展開でしかない[21]。」

「かつてマルクスは，宗教はアヘンだと言ったが，同じ意味でマルクス主義はヘロインで，新古典派経済学はコカインである。真理とは何かが問題ではなく，イデオロギーを誰がどのような状況で『真理』だと言って大衆に語るのか，そしてそれを真理だと信じる主体がどのようにある社会の中で形成されていくのかが問題なのである。情報公開制度はまさに社会のこのような側面で機能しているといえる[22]。」

山地理論は，批判会計学の問題を上記のように克服しようとする。この場合，イデオロギーが示唆する真偽自体に意味がなく，批判会計学流の合理化戦略も影を潜めることになる。ただし，山地理論でも合理化戦略を否定するものではなく，概念の代役が本来の概念のかわりに立てられることもある[23]。したがって，宮上・中村-津守-山地という理論的変遷は，Eagleton[2007]の定義を第五・六定義から第三・四定義へと拡張していくプロセスともいえる。すなわち，イデオロギーは，中立的にも批判的にも利用できることを主張してきたプロセスではないだろうか。

21　山地[2007]13頁。
22　山地秀俊ホームページより（http://www.rieb.kobe-u.ac.jp/~yamaji/www/）。[2016年2月20日確認]
23　合理化戦略で明らかにしたように，合理化は，真の概念のかわりに概念の代役が立てられる状態を意味する。

ただし，山地理論は，「主体化」というプロセスを重視する。山地[2000]は，社会構造や制度などに大きく規定されながらも，個人の主体性が大きな社会構造の変化があるときなどに発揮されると主張する[24]。この「主体化」は，Althusserの議論にも似ている。もちろん，階級闘争や合理的な立場から議論を進めるAlthusserの議論は，山地理論が依拠するポストモダンの立場と正反対といってもよいだろう。そこで，予備的考察となる可能性があるかもしれないが，Althusserと山地理論の主体化を検討したいと思う。

Althusserのイデオロギー理論は，「イデオロギーは歴史をもたない[25]」という言葉からはじまり，「イデオロギーは諸個人が自ら現実的な存在諸条件に対してもつ想像的な関係を表している[26]」，「イデオロギーは物質的な存在をもつ[27]」という2つのテーゼに帰結する。Eagleton[2007]を借りて説明するならば，Althusserのイデオロギーは，真偽を問題にするのではなく，とにかく表象するものであるということができるであろう[28]。したがって，イデオロギーは，「現実を記述するのではなく，意志，希望，ノスタルジアを表現するものである[29]」ということができる。

ここで問題になるのが，上記の2つのテーゼにとって中心的な用語になる「主体」という概念である。この主体に関するテーゼとは，「イデオロギーによってしか，またそのもとでしか，実践は存在しない[30]」と「主体によってしか，またさまざまな主体に対してしか，イデオロギーは存在しない[31]」という

24　山地[2000]92頁。
25　西川ほか訳[2005]350頁。
26　西川ほか訳[2005]354頁。
27　西川ほか訳[2005]357頁。「イデオロギーは，物質的なイデオロギー装置のなかに存在し，この装置は物質的な儀式によって調整される物質的な諸実践を命令し，これらの諸実践は自己の信仰に従って全く意識的に行動する主体の物質的な諸行為の中に存在する（西川ほか訳[2005]362頁）。」
28　Eagleton[2007] p.18（大橋訳[1999]55頁）.
29　Eagleton[2007] p.19（大橋訳[1999]56頁）.
30　西川ほか訳[2005]362頁。

2つのテーゼである。Althusserによれば，たとえば警官が「おい，おまえ，そこのおまえだ」といった呼びかけをするときに，イデオロギーが諸個人を主体に変えるように作用していることを示している[32]。

これは，山地理論の主体化によく似ている。山地理論の真髄は，すべてを相対化した上での言説による主体化を問題とすることである。山地[2003]は，以下のように述べている。

「本稿では，社会科学としての会計学説が，大学等の教育制度を通して，一つのイデオロギーとして巨大企業の社会的評価や業績評価に関する思考を提示することによって，企業関係者をして会計に関する特定の思考を正当化する主体へと規律していく過程を分析する。そこ(の)過程は取りも直さず，別の会計学説，したがって巨大企業評価や業績評価思考を否定し，消去する過程であることを指摘する。学説は，社会事象に対するイデオロギー的解釈を可能にし，ある特定の責任を特定の主体に負わしめる思考を作るとともに，他の解釈・可能性を消去する言説である。したがって会計学説そのものは，論理性が必ずしも必要ではなく，あるレトリック的要素と構造的特徴を有していることのみが要求されるのである。いわば，神話(myth)のような存在である。」

以上のように，山地理論は，Althusser理論と同じく，イデオロギー(会計学説)が諸個人から主体へと変えることを強調する。その結果，イデオロギーは，主体を規律して行為や利害を規定するとともに，それ以外の思考を消去してしまう。特に，「会計学説が別の会計学説を消去する過程である」という主張は，「イデオロギーに外部はない[33]」というAlthusserの主張に通じるものがある。ここで，Eagleton[2007]の理論と実践に関わる考察を借りてAlthusser

---

31 西川ほか訳[2005]362頁。
32 西川ほか訳[2005]366頁。

理論と山地理論の主体化をまとめれば以下のとおりになる。

> 「理論とイデオロギーとのアルチュセールのいう二律背反は，おおむねつぎのような方向で展開する。…中略…人間主体が，実践的社会行為体となるのに一時的にイリュージョンとして必要な首尾一貫性を，人間主体に貸しあたえてくれるのはイデオロギーだけである。理論の側から暗鬱な視点からみると，主体には自律性なり持続性など存在しない。主体とは，あれやこれやの社会構造によって『重層決定される』産物にすぎない。しかし，もしこの真実を，わたしたちが肝に銘じてしまうと，わたしたちは何事につけてもやる気をなくしてベッドのなかでごろごろしているだけだから，この真実は，わたしたちの『慣習実践的』意識から消えてもらわないといけない。そして，まさにこの意味で，主体とは，アルチュセールやフロイトによれば，『主体化』のその瞬間にどうしても抑圧されなければいけない構造の産物なのである[34]。」

したがって，主体化というのは，「世界」そのものを誤認するのではなく，「自己」を誤認することである[35]。山地とAlthusserの違いは，Althusserが合理主義という立場からであるのに対して，山地が非合理主義の立場から考察し

---

33 西川ほか訳［2005］367頁。Althusserの議論は以下のとおりである。イデオロギーの外で起こるように思われることは，イデオロギーの中で起こっている。逆に，イデオロギーのなかで起こっていることは，イデオロギーの外で起こっているように思われる。したがって，「イデオロギーはけっして『私はイデオロギー的である』とは言わない。」Eagleton［2007］によれば，これはイデオロギーの自然化戦略とよばれるものである。すなわち，イデオロギーを攻撃するには思考される外側に追いやってしまえばいいのである（Eagleton［2007］p.58（大橋訳［1999］136頁）。「イデオロギーが存在するとき，かならず，語ることはおろか，思考することさえ禁じられたものが存在する（Eagleton［2007］p.58（大橋訳［1999］136頁）」ということになる。

34 Eagleton［2007］p.141（大橋訳［1999］295-296頁）。なお，太字は筆者によるものである。

35 Eagleton［2007］p.142（大橋訳［1999］297頁）。

たことにある。このようにして，理論と実践は乖離してしまい，その差を埋めているのがイデオロギーである。ゆえに，イデオロギーが「自己誤認」なのか「言説」であるのかを問わなければ，山地理論もAlthusser理論も主体化に関する姿勢が同一であるといえる。

このような同一性がみられるのは，Althusser理論や山地理論がイデオロギーを認知理論から情動理論へと移行させ，たんなる主観的なものに還元しないからである[36]。これが津守理論から山地理論の変遷のもう1つの特徴といえる。すなわち，イデオロギーは，主体＝主観中心的であるという意味においては主観的ではあるが，世界に対する発言者の姿勢や生きられた関係を表現するために普遍的なものとなる[37]。

ただしEagleton[2007]からみると，山地理論の立場には次のような欠点があるのではないかと指摘されている。Eagleton[2007]によれば，ポストモダニズムは，すべての「利害」を水平化してとらえすぎるため，逆に「利害」という考え方を骨抜きにするという問題を指摘している[38]。したがって，Eagleton[2007]は，イデオロギー的といえる利害とそうでない利害を区別しておく必要があると述べている[39]。この点が山地理論にとっての課題となるのかもしれない。

4. お わ り に

以上，第3章および第4章は，日本の批判会計学をEagleton[2007]をベースにして分析してきた。以上の考察から3つのことが明らかにされた。

36　Eagleton[2007] p.19（大橋訳[1999] 57頁）.
37　Eagleton[2007] p.19（大橋訳[1999] 57頁）.
38　Eagleton[2007] p.10（大橋訳[1999] 39頁）.
39　Eagleton[2007] p.10（大橋訳[1999] 38頁）.

まず，各諸説は，会計の概念観を通じてイデオロギーを認識しており，会計を通じて現れる問題を批判するとともに，その概念の代役（会計）から真の概念（あえていえば本質）を引き出そうとしている。したがって，宮上理論・中村理論・津守理論・山地理論をみれば，以下のような特徴があるのではないかと考えられる。

	宮上理論	中村理論	津守理論	山地理論
イデオロギーの定義	第五定義	第六定義	第六定義 （第四定義）	第三定義 （第四定義）
批判対象	搾取的 社会関係	搾取的 社会関係	社会的 コンフリクト	主体形式の生産 （主体化）
会計の役割	独占利潤の 隠蔽手段	独占利潤の 隠蔽手段	公開の支配転化 規制回避 規制利用 合意主義	宥和化的支持 獲得機能 宥和化的支配 他の可能性・ 解釈の消去
	経済政策	会計政策	マクロ会計政策	マクロ会計政策
真の概念	経済現象	計算技術	公開性 利害	言説

※津守理論は、イデオロギーが部分的に中立化されている。

図表4-1　合理化戦略からみた批判会計学説の変遷

次に，2つの特徴が批判会計学の理論的変遷にあると考えられる。ひとつめは，各諸説のイデオロギー概念が中立化されていることである。宮上理論では，会計の概念は，搾取を隠蔽する虚偽意識でしかなく，経済現象を合理化するのに役立つのに過ぎない。これに対して，津守理論では，会計の概念は，情報を隠蔽して民主主義による支配を合理化するものの，逆に情報を公開することで利害を正当化するのに役立つ。山地理論では，会計の概念は，主体を特定の思考へと規律するものであり，自己を正当化していく言説としての効果を

第4章　批判会計学の系譜　77

もっている。

　もうひとつは，批判会計学特有の疎外と呼ばれるものが宮上・中村理論―津守理論―山地理論のプロセスで変遷している。すなわち，疎外原因が搾取的社会関係―社会的コンフリクト[40]―主体化と変化しているのである。そしてなによりも，山地理論は，「彼らはそれを知らない。しかし彼らはそれをやっている[41]」というMarxの定式にたいして忠実であるといえる。なにしろ，Althusser理論のように主体そのものを疎外してしまい，イデオロギーに従属させてしまう側面をもつからである[42]。ただし，山地理論にとって重要なことは，何が疎外されているかという問題ではなく，イデオロギーが「主体形式そのものの生産[43]」を行うということであろう。

　最後に，我々は，宮上・中村理論―津守理論―山地理論の変遷からどのような点を学べばよいのであろうか。すくなくとも，3つのことがいえると考える。1つ目は，イデオロギーを中立的にも用いるということである。2つ目は，イデオロギーの戦略を絞って捉えるということであろう。そして，3つ目は，主体というものを中心におきつつも，そのすべてを主体に還元せずに考えることであろう。

　津守理論が示すように，会計言説は，その言葉どおりに現実化されるわけで

40　津守理論は，社会的コンフリクトの一時的解決として，会計問題に集約されているかのようにみせることを批判する。
41　向坂訳[1969]134頁; 鈴木[2000]46-50頁。
42　「『主体化されるsubjectifed』は，『従属化されるsubjected』ことである。わたしたちが『自由で』『自律的な』人間主体となるのは，ひとえに自分を〈主体〉あるいは〈法〉にゆだねるからである。そして，この〈法〉を，ひとたびわたしたちが『内面化』し，それを完全に　自分のものとしたら，わたしたちは，自発的かつ問題なく，それを行動によって血肉化できる。アルチュセールの論評によれば，わたしたちは，たえず強制的に監視されなくとも，『自分で自主的に』仕事をするようになる。そして，このなげかわしい状況を，わたしたちは自由と誤認するのだ (Eagleton [2007] p.146 (大橋訳 [1999] 306頁))。」
43　Eagleton [2007] p.148 (大橋訳 [1999] 311頁).

はないが，経済的利害に還元しきれないものをもっている。イデオロギーから経済的利害に還元しきれないものを探すだけではなく，会計と呼ばれる現象の生み出す言説が言葉通りの意味から乖離していく様子を描写する方法もあるのではないだろうか。すなわち，会計言説がその効果をもつ状況を描く必要がある。そのとき，会計言説が批判会計学のイデオロギーと同じような効果を示すこともあるだろう。

第3部　欧米批判会計学とイデオロギー

　第3部は，欧米批判会計学（Critical Accounting）およびその周辺領域がイデオロギーをどのように考えてきたのかを考察する。第1部および第2部では，Eagleton［2007］を中心にして会計学の概念観を俯瞰するとともに，日本の批判会計学の変遷からイデオロギー観を引き出した。ここでは，欧米批判会計学を取り上げて，イデオロギー観を整理したいと思う。

　第3部の目的は，主に欧米の批判会計学のイデオロギー観を引き出すことにあるが，そのプロセスでは二つのイデオロギー観が準備的あるいは比較的に考察される。ひとつは，世界観あるいは社会表現と言い表される中立的な概念観であり，Eagleton［2007］の第二定義や第三定義と関連している。もうひとつは，「経験的証拠を伴わない信念」あるいは「科学や真実の対極にある思想」であり，実はEagleton［2007］の第五定義とも関連している。「科学や真実の対極にある思想」を排撃する見方は，皮肉なことに，支配階級の虚偽意識という第五定義に近づいてしまうだろう。

　とくに，後者は，イデオロギーが現実の制度や実務と経済合理モデルの残差として記述されることとも関連している。なぜならば，藤井［2007］や大日方［2012］などが指摘しているように[1]，イデオロギー的な信念が実際の会計基準

1　藤井［2007］174頁；大日方［2012］273頁。

の設定に影響を与えているからである。これは，黒川［2009］が指摘するように，イデオロギーの変化が，資本市場だけでなく，会計基準と企業価値の構成要素に影響を与えるためでもある[2]。したがって，もしイデオロギーを理論モデルとの非合理な差として記述すれば，当該会計理論の批判対象，場合によっては攻撃対象とすらなりうる。

そこで，本部では，多くの会計研究において，非合理なものと考えられるイデオロギー作用をどのように捉えるべきかを欧米の批判会計学の方法論を通じて検討したい。なお，欧米の批判会計学は，宮上理論を超えたのであろうかということが具体的な問題意識になろう。

---

[2] 黒川［2009］15頁。「評価モデルはイデオロギーの変化に応じて変容し，測定方法（会計基準）と測定対象（企業価値の構成要素）の双方に影響を与える。資本市場では，企業評価によって企業評価の理論値が形成されるが，理論値は市場の機能によって市場価格に反映されていくので，イデオロギーの変化（たとえば，環境変数の企業評価の影響）は資本市場を変える。」

第5章　欧米会計学のイデオロギー

1. は　じ　め　に

　「イデオロギーとは何か」に対する解答は，会計学の問題以上に難解であろう。本書では，Eagleton [2007] を端緒にして会計学のイデオロギーについて検討してきた。しかしながら，欧米会計学のイデオロギーを捉えるうえでは，もう少し加えておかなければならない前提がある。とくに，本章は，欧米の批判会計学を考察するための準備となろう。

　そこで，Giddens（松尾ほか訳 [2004]）と Thompson [1990] の2つ議論を加えておくことにしたい。Giddens（松尾ほか訳 [2004]）は，「イデオロギーとは，観念が人びとの信念や行為に及ぼす影響作用のことをいう[1]。」さらに，Thompson [1990] は，こうしたイデオロギーの作用をニュートラル・イデオロギーとクリティカル・イデオロギーに大きく二つに分類した[2]。すなわち，ニュートラル・イデオロギーとは，「ある現象が必然的に人びとの判断を誤らせたり，錯覚を起こしたり，特定集団の利害関心に加担していくことを暗示せずに，そのイデオロギーなりイデオロギー的として特徴描写する[3]。」クリティ

　1　松尾ほか訳 [2004] 568頁。
　2　Thompson [1990] pp.5-6.

カル・イデオロギーとは,「イデオロギーを否定的,酷評的ないし軽蔑的な意味合いで理解し,イデオロギーにたいする暗黙の批判なり非難をともなう[4]。」

これら議論に依拠するのであれば,欧米会計学の概念もおそらく同様に中立的あるいは批判的に人々の信念や行為に影響作用を及ぼしているだろう。直観的に考えれば,欧米批判会計学は,クリティカル・イデオロギーを採用しているように思える。しかし,ニュートラル・イデオロギーに依拠した研究と比較するとともに,欧米批判会計学のイデオロギーが本当にクリティカル・イデオロギーかどうかを検討する必要もあろう。

そこで,本章では,準備的考察として,ニュートラル・イデオロギーに依拠した研究,続いてクリティカル・イデオロギーに依拠した研究の順に俯瞰していきたいと思う。考察に当たっては,Eagleton[2007]にも依拠しつつも,ニュートラル・イデオロギーとクリティカル・イデオロギーの区分がどのように有用性と欠陥性があるのかを持っているかを検討する。

2. ニュートラル・イデオロギー

ニュートラル・イデオロギーは,Eagleton[2007]の定義であれば,主に第二定義や第三定義にあたるものである。それらは,世界観や特定集団・階級の社会表現ではあるが,自らの利害を促進したり,正当化したりすることもありうる。ここでは,一例としてFrankfurter and McGoun[1999])とBourguignon et al.[2004]を取り上げよう。

これら研究は,かならずしも財務会計に属するものではないが,イデオロギーに関する考察が充実している。特に,財務会計の術語法は,近年,ファイナンスと急接近している。そのため,ファイナンス領域におけるイデオロギー

3　Thompson[1990] p.53, 松尾ほか訳[2004] 569頁。
4　Thompson[1990] p.54, 松尾ほか訳[2004] 569頁。

第5章　欧米会計学のイデオロギー　　83

の考察もまた会計学に有益となろう。

2.1. Frankfurter and McGoun [1999]

Frankfurter and McGoun [1999] は，現代ファイナンス論のイデオロギーを指摘するものである。彼らは，そのイデオロギーを Milton Friedman の論理実証主義による学術思考のひとつであると指摘する。

「Milton Friedman の論理実証主義は，『価値観中立(value-neutral)』である。すなわち，世界のイデオロギー的な認識によって影響されていない。市場の全能性という概念(事実上，レッセフェールあるいは過激な個人主義というイデオロギー)がすべての金融経済学の基礎であり，株主価値の最大化というアイデアがエイジェント／経営者の目標におけるヒエラルキーの頂点にあることは否定しないけれども，どちらも実証主義者の純粋方法論において必要である[5]。」

Frankfurter and McGoun [1999] は，このような基礎的な認識を基に，ファイナンスの存在論(what there is to know)や認識論(how it is to be known)がともに価値観を受胎しており，決して中立的ではないと批判する。具体的には，新古典派経済学の信念[6]，フェアゲーム[7]とランダムウォーク[8]といった言葉，効率性という存在論[9]，効率的市場仮説という認識論[10]をイデオロギーとして考察する。

5　Frankfurter and McGoun [1999] p.160.
6　Frankfurter and McGoun [1999] pp.160-161.「新古典派経済学は，トートロジーのない合理性を引き合いに出して，トートロジーを用いて概念を守ろうとする。すなわち，彼らは用語を一般的に引き合いに出して，それに技術的な定義を与える(p.160)。」
7　Frankfurter and McGoun [1999] pp.163-165. フェアゲームは，確率の用語として，「プレイヤーの数学的期待値がゼロであれば，プレイヤーは有利でも不利でもない」ことを指す言葉だった。また，市場のフェアゲームという概念は，チャンスのフェアゲームとスキルのフェアゲームが混同されている。

こうした議論の前提となっているイデオロギーは，虚偽意識と対比される形での中立的なイデオロギーである。Frankfurter and McGoun [1999] は，Mitchellを引用して，ニュートラル・イデオロギーを「現実を表象するために価値観や利害の構造を単純化して認識する傾向がある[11]」と論じる。そして，「科学者は，ファイナンス領域におけるイデオロギーの偏在を認識し，その新古典派の方法論が暗示する価値観を理解することが重要である[12]。」と指摘する。

そして，Frankfurter and McGoun [1999] は，ファイナンスの世界認識が価値中立ではなく，イデオロギーとして作用する効率的市場研究の基本原則5つを指摘する[13]。そのうえで，Friedman-Lucas-Famaの新古典派主義ヘゲモニー

---

8 Frankfurter and McGoun [1999] pp.165-167. シカゴ派のCowlesたちが「予測なしに説明はない。もし説明がなければ経済学者として専門的意味はない」と唱えた。しかし，「経済学者は，Robertのおかげで，科学者としてその専門的存在を傷つけることなく株式市場を予測できないと考えることができ，Osborneのおかげで新しいイデオロギーを分類するために「ランダムウォーク」という新しい言葉を使う。」

9 Frankfurter and McGoun [1999] pp.168-169.「効率的という言葉は，Markowitzが投資家個人のポートフォリオ選択（平均分散効率性）を記述するために用いた。Markowitzは，効率性という言葉を市場に関連して用いるために意図していなかった。市場のコンテキストで用いられるようになったのは，大部分でFamaに帰している。Famaは「価格がつねに利用可能な情報を「十分に反映している」市場は，効率的である」と述べたのである。「西洋世界，特にプロテスタントの倫理では，効率性という言葉は，道徳的によきこと，すなわち我々の社会経済制度があってほしい属性であったが，市場価格における作用を記述するために奪われてしまった。」

10 Frankfurter and McGoun [1999] pp.169-172.「仮説とその検定としての市場効率性の命題が望ましい特質と市場の「全能性」があるというイデオロギーのもとでしか進歩できない。市場効率性の命題の妥当性を示すために用いられた分析方法は仮説が棄却される可能性を効率的に免れている。」この二点をBallの議論を批判する形で展開している。そして，最後に次のように述べている。「100%の結論になる統計的検定は存在しないし，存在もできない。証拠は，帰無仮説と対立仮説を証明するために作られる限り，信念の問題は残る。結果として，たとえイデオロギーのみが変化しただけでも，研究の変化は起こりうる。」

11 Frankfurter and McGoun [1999] p.161.
12 Frankfurter and McGoun [1999] p.161.

が次のような環境で熟成されていることを批判する。

　「金融経済学の思考におけるFriedman-Lucas-Famaの新古典派ヘゲモニーの謎に対する答えは，おそらく社会学の分野にある。伝統的に，ファイナンスの研究者は経営学部のファイナンス部門で訓練を受ける。他の学部，おそらくArt and Scienceで伝統的に訓練を受けた経済学の学術研究者は，ファイナンスの同僚を知的あるいは技術的な劣等者として見下す。ファイナンスと経済学の両方で経済学的思考を訓練された博士取得者に支配された (dictated) 学派は，その『研究計画』の主導権とその分野の精鋭出版口の編集権を奪うのは不思議ではない[14]。」

こうした学会の支配権力構造は，おそらく財務会計にも適用可能であろう。後述する欧米批判会計学は，こうした理論前提やレフェリー制度を疑うという立場，特に新古典派経済学や実証主義会計学を批判する立場をとる。特に，Tinker, Merino and Neimark [1982] やTinker and Puxty [1995] の議論は，Frankfurter and McGoun [1999] と異なるイデオロギー概念を用いるけれども，整合的な部分が多い。

では，Frankfurter and McGoun [1999] は，イデオロギーをどのように位置づけているのであろうか。その立場は，あくまでも行動経済学の立場からシカゴ学派を批判するためであり，ファイナンス領域におけるイデオロギー的信念

---

[13]　1. 基本的な因果関係メカニズムがすべてのファイナンス活動に生命を吹き込む。関係性が初期状況と最終結果の間に存在する。2. 上記の因果関係が確定できており，もし状況が完全に特定するあるいは状況を原則上特定することが可能であれば，結果が確実に予測される。3. 人間の自由意志が無視されうる。すなわち，すべてのファイナンス活動が誰かによって誰かのために引き受けられる。すべての人間行動の関連性が因果関係メカニズムによって統治される。4. すべてのファイナンス活動が定量化されうる。統計分析と推論の論理がすべての定量化に適用されうる。5. すべての人間は，ファイナンス活動が引き受けられる世界では制度とシステムに平等にアクセスできる。(Frankfurter and McGoun [1999] p.172.)

[14]　Frankfurter and McGoun [1999] pp.174-175.

を認識すべきというものである。

それゆえ，イデオロギーそのものを分析するものではなく，あくまでも外生的要素として注視すべきであるという程度にとどまる。したがって，欧米批判会計学のように，イデオロギーそのものの分析，すなわちイデオロギーの効果や発現や消滅，そして主体性との関係を積極的に考察しようとするものではない。

2.2. Bourguignon et al. [2004]

Bourguignon et al. [2004] も，ニュートラル・イデオロギーを用いてバランスト・スコアカードやタブロー・ドゥ・ボードを考察しようとするものである。まず，Bourguignon et al. [2004] は，クリティカル・イデオロギーとニュートラル・イデオロギーの二つの違いについて説明している。

彼らによれば，クリティカル・イデオロギーとは，Marx主義にみられるような「支配階級が社会的システムを正当化および再生産するために造られる虚偽意識として考えられる。イデオロギーは，支配階級の利害に奉仕する現実生活の過程に対する反映像(reflexes)や反響音(echoes)にすぎない[15]」と述べる。これは第五定義のイデオロギー観に近いであろう。

これに対して，彼らは，MannheimやArbib and Hesseの見解などをひきながら，ニュートラル・イデオロギーを「社会秩序を統合・維持しようするための知識である[16]」と述べる。したがって，「イデオロギーは，何かを課したり悪くしたりするのではなく，一般的に不可欠な社会表現として考えられる[17]。」これは，第二定義から第三定義のイデオロギーとして考えることができる。

Bourguignon et al. [2004] は，ニュートラル・イデオロギーを採用し，次の

---

15 Bourguignon et al. [2004] pp.109-110.
16 Bourguignon et al. [2004] p.110.
17 Bourguignon et al. [2004] p.110.

ようにイデオロギーの役割を述べた。すなわち,「イデオロギーによって,我々は,社会秩序を維持するために役立つ信念・知識・アイデアを理解する。たとえばヒエラルキーを構築するためや人々を従わせるためや不確実性に対処するために役立つものである[18]。」また,イデオロギーは,世界についての「事実にもとづく」要素と規範的要素を含んでいるため,「『別の(out there)』世界観」をつくることに寄与し,「人が世界観を有意義にかつ現実的に処理ために役立っている[19]。」そして,彼らは,バランスト・スコアカードやタブロー・ドゥ・ボードの主たる相違は,イデオロギー的前提によって説明されると述べる。

しかしながら,Bourguignon et al. [2004] のイデオロギーは,Eagleton [2007]からみれば熟考を要するところがある。たとえば,Eagleton [2007] は,彼らの見解の基礎にあるMannheimと知識社会学について次のように批評している。

> 「知識社会学がもっているイデオロギー機能について考えることができる。その機能とは,実際のところ,マルクス主義のイデオロギー概念全体を骨抜きにして,その後釜に,攻撃性が希薄で論争的でもない『世界観』概念をすえることであった。…中略…ある意味で,マンハイムによってしめされたイデオロギーに対するマルクス主義以後のアプローチは,イデオロギーを『社会的に決定された思考』とみる,マルクス主義以前のイデオロギー概念に逆戻りしている[20]。」

実際のところ,Bourguignon et al. [2004] は,アメリカ社会とフランス社会におけるイデオロギーを特定集団の社会表現と考えている。特に,Marx主義や第五定義を警戒するあまり,関係的あるいは闘争的な観点を弱めてすぎてし

---

18 Bourguignon et al. [2004] p.109.
19 Bourguignon et al. [2004] p.110.
20 Eagleton [2007] p.109 (大橋訳 [1999] 234-235頁).

まっている。彼らは，経営者による正当化や従業員の支配などといった観点を包有しているが，多くの概念がイデオロギーに含まれすぎているかもしれない。その結果として，Eagleton [2007] が主張するように，イデオロギーを「社会的に決定された思考」に戻してしまったのであろう。

たとえば，Bourguignon et al. [2004] は，バランスト・スコアカードを「公正契約」というアメリカのイデオロギーと一致する[21]との見解を示すが，これではアメリカの企業社会における表現方法を記述しただけにすぎない。同様に，フランスのイデオロギーは「名誉」を原則とするものであり，それはバランス・スコアカードと相容れないと主張する[22]。だが，これもアメリカ人とフランス人の社会表現方法の差異から生じるものであり，イデオロギーとみなすには熟考が必要ではないかと考えられる。

また，Bourguignon et al. [2004] は，イデオロギーが個人の認知モデルを形成することを言及する[23]が，Althusserが示したような情動理論の性格を有するようになった点を見逃している。さらに，クリティカル・イデオロギーの定義に際しても，その発生因に特定の階級に持ち出すやり方が用いられており，虚偽的あるいは欺瞞的な信念が社会全体から生じる可能性がぬけている。

総じていえば，具体的な主体同士の関係がイデオロギー分析から抜けてしまっ

21　彼らの主張は以下のようなものであった（Bourguignon et al. [2004] p.110）。アメリカのイデオロギーは，みなが自由契約と一般に必要とされる道徳のもとで行動するというものである。そうしたイデオロギーのもとでは，人々は，平等であると考えられ，経営デバイスは，ヒエラルキーをつくり，人々を従わせしめ，妥当性を付与し，不確実性を削減する際に重要な役割を演じる。そうしたイデオロギーは，業績評価と報酬を連動させる，バランスト・スコアカードと適合すると述べる。

22　彼らの主張は以下のとおりである（Bourguignon et al. [2004] p.125）。名誉による原則は，みなが社会集団に所属し，特定の権利と義務が社会集団に課せられるというものである。そうしたイデオロギーのもとでは，社会的ヒエラルキー・人々の支配・妥当性・安定感は，教育や名誉の問題であって，経営デバイスの問題ではない。そうしたイデオロギーは，バランスト・スコアカードと比べて業績評価と報酬を連動させない，タブロー・デ・ボードと適合する。

23　Bourguignon et al. [2004] p.111.

第5章　欧米会計学のイデオロギー　89

ていることが大きな問題なのであろう。同様の問題は，前述したFrankfurter and McGoun [1999] にも適用可能であろう。

2.3. ニュートラル・イデオロギーの貢献と限界

　以上の考察から明らかなように，ニュートラル・イデオロギーという区分には重要な示唆があったといえる。最大の貢献は，Marx主義や第五定義につきまとうイデオロギーという言葉の負のイメージを払拭しながら，イデオロギー性のあるものごとを分析しようとしたことである。

　イデオロギーという言葉は，直観的に「経験的証拠を伴わない信念」あるいは「科学や真実の対極にある思想」を想起させる。それだけであればよいが，それらの考え方は，第五定義の「歪曲と捏造の操作」へと結びつき，体制勢力批判や対抗勢力批判へと発展して，不用意に多くのものを攻撃してしまう特徴がある。そうした意味において，ニュートラル・イデオロギーという区分は，第五定義を攻撃的な意味から切断し，学術的な研究を進めるために必要だったのかもしれない。

　しかしながら，第五定義や第六定義のイデオロギーもまたその仲間であろう。とくに，Marx主義を警戒するあまり，第六定義の「虚偽的あるいは欺瞞的な信念」を考察対象から外してしまうことにも大きな限界を作ってしまう。クリティカル・イデオロギーを適用するには熟考を要するが，それもひとつのイデオロギーの形としてみなす必要がある。

　では，ニュートラル・イデオロギーの知見を活かしつつ，またクリティカル・イデオロギーを慎重に扱うためにはどのようにすればよいのであろうか。前者については，Eagleton [2007] がMannheimの見解を次のように評価したことがヒントになろう。

　　「とはいえ，マンハイムが示唆してくれたものには有益なものがあった。それは

第三の道,すなわち陳述の真偽を,その社会的起源に左右されないものと信ずる側と,陳述をしゃむに社会的起源へと還元してしまおうとする側のいずれにもくみしない第三の道のことである。たとえば,ミッシェル・フーコーにとって,命題の真実価値は,その社会的機能によってのみ決まり,それが促進する権力利害によって自動的に確定されるものであった。言語学者なら,発話されたものは,すべて発話行為の諸条件のなかに取りこめてしまうというだろう。重要なのは,何が語られているかではなく,誰が,誰に,いかなる目的で語るかというわけだ[24]。」

こうした見解を見た場合,「誰が,誰に,いかなる目的で語るか」という点を意識してイデオロギーを分析する必要がある。したがって,Frankfurter and McGoun [1999] やBourguignon et al. [2004] のようにイデオロギーをニュートラルとクリティカルに区分して分析するのではなく,主体同士の関係に注目しながら概念(イデオロギー)を分析する必要があるのではないだろうか。奇しくも,ニュートラル・イデオロギーに依拠した研究は,山地理論が目指した方向性を指示しているといえる。

3. クリティカル・イデオロギー

欧米批判会計学 (Critical Accounting) は,批判会計学と同様にMarx主義に影響された部分がある。しかしながら,欧米の批判会計学は,Marx主義に限らず,多くの見方を積極的に導入しようとする試みがみられる。とくに,本節は,その特徴的なイデオロギー観である。以下,欧米批判会計学の定義,構成要素,イデオロギー観の順に明らかにしていこう。

まず,欧米批判会計学とは何かについて明らかにする。Laughlin [1999] は,

24　Eagleton [2007] p.110 (大橋訳 [1999] 236-237頁).

第5章　欧米会計学のイデオロギー　91

議論の余地があることを認めながらも，次のように欧米批判会計学を定義する。

「社会や組織を機能させる会計過程や会計実務や会計専門職の役割についての批判的な理解。批判的な理解には，会計過程・会計実務・会計専門職を（適切なところに）変化させようとする意図がある[25]。」

そして，Laughlin [1999] は，上記の定義には4つの構成要素があることを指摘している。それらをまとめれば次の通りになるであろう[26]。

1. 必ず文脈の関係上にある (contextual)。会計は，社会現象・経済現象・政治現象の結果であり，その文脈上で理解される必要がある。
2. 理解されるものを適切なところに変化させようとする。理解は，決して自分自身のためではない。
3. 欧米批判会計学は，会計過程や会計実務や会計専門職を機能させることに関心があり，マクロレベルとミクロレベルに分かれる。
4. 欧米批判会計学は，理論的・方法論的展望を提供するために他領域からの知的借用を求める。

ここでは，特に第四点が読み解くにあたって重要な点になる。欧米批判会計学は，FoucaultやDerridaやLatourなどのフランスの批判理論とMarxやAdornoやHabermasなどのドイツの批判理論などを用いる[27]。こうした知的借用のなかから独自のイデオロギー観が形成されているといえよう。

25　Laughlin [1999] p.97.
26　Laughlin [1999] pp.97-98.
27　Laughlin [1999] p.98.

では，欧米批判会計学のイデオロギー観とはどのようなものであろうか。端的に言えば，そのイデオロギー概念は，イリュージョン，あるいは科学や真実の対極にある思想という意味ではない。Eagleton [2007] のいうところの第五定義を使うことを警戒しているからであろう。たとえば，Neimark [1992] は次のような議論を展開している。

「社会科学の科学者は，イデオロギー概念を様々な方法で解釈する。あるものにとって，イデオロギーは，『現実』に存在するもの，あるいは科学的に正しいものの対極にあるという信念体系をいう。この解釈は，政治の領域にも拡大しているし，いくぶん異なった形式で Talcott Parsons や Alvin Gouldner や Clifford Geertz や Karl Popper や Louis Althusser や初期 Marx にさえみられる。アメリカの政治家がイデオロギーとして共産主義を言及するとき，彼らは，自分自身が自由企業と市場競争という非イデオロギー的な信念の持ち主であるという意味で，イデオロギーという言葉を使う。私は，このような方法でイデオロギーという概念を用いない。いくつかの理由のために[28]。」

同様の見解は，Tinker, Merino and Neimark [1982] や Lehman [1992] などにもみられる見解である。すなわち，欧米批判会計学は，イデオロギーという言葉を経験的証拠の伴わないものとして使い，自説以外の可能性や解釈を排除しようとする性格の不毛性に気付いている。したがって，欧米批判会計学は，クリティカル・イデオロギーを用いるといっても，第五定義のような形で用いることを警戒している。ここには，欧米批判会計学がイデオロギー戦略を警戒

28　Neimark [1992] p.96. Neimark [1992] は，次のように続けている。「イデオロギーを科学の対極とすることは，現代社会において科学技術がイデオロギーとして機能する範囲を無視している。」こうした考え方は，科学技術をイデオロギーと理解する見解として表現されることになる。

しているがゆえの慎重な姿勢を垣間見ることができる。

　皮肉なことに，第五定義のように虚偽意識を具現化したようなクリティカル・イデオロギーは，欧米批判会計学が批判するWatts and Zimmerman[1979]にみられる見解である。そして，Watts and Zimmerman[1979]は，宮上理論と立場が違うにもかかわらず，イデオロギーを科学や真実の対極にある信念体系として捉え，会計理論をイリュージョンや言い訳と考え，会計実務や政府干渉を合理化・合法化・正当化するとして批判する。この概念観は，第五定義のイデオロギー観であり，宮上理論と同じ合理化戦略批判である。

　後述する欧米批判会計学の論者は，Watts and Zimmerman[1979]にみられるようなクリティカル・イデオロギーの使い方を抑制しようとする。なぜなら，イデオロギーは，第六定義のように「支配階級の利益からではなく社会全体の物質的構造から生じる」からである。ゆえに，Watts and Zimmerman[1979]は，従来の会計学を第五定義のような「虚偽意識」として批判するが，自分たち自身も効率的市場仮説のイデオロギー的信念に囚われていると欧米批判会計学から批判されてしまう。

　以上のように，クリティカル・イデオロギーは，批判会計学だけではなく，実証会計学にさえ影響を与えている。山地[1994]や澤邉[1998]は，日本の批判会計学とRochester学派が会計の機能面において似た特徴をもつと指摘している[29]が，両者は，会計理論の概念作用という側面からみても似た特徴をもっている。したがって，イデオロギー観の考察は，理論の概念観を考察するだけでなく，理論の文脈を理解することにも役立つであろう。

29　山地[1994]48頁; 澤邉[1998]19-20頁。

4. お わ り に

　本章では，準備的考察として，ニュートラル・イデオロギーとクリティカル・イデオロギーに依拠した会計研究を俯瞰してきた。その結果として，次の3つのことが明らかになったといえる。

　第一に，ニュートラル・イデオロギーとクリティカル・イデオロギーの区分にはいくつかの意味があったが，それを厳密に分けて使うことに意味はないと思われる。とくに，ニュートラル・イデオロギーは，イデオロギー的なことがらを語ることが難しい状況下において用いられた方法であったと考えられる。

　第二に，ニュートラル・イデオロギーは，「誰が，誰に，いかなる理由で語るのか」を検討する必要性を高めたといえる。観念の虚偽性を真実や現実の一部とするのか，それとも観念の真偽を問わないのか，どちらにしても，イデオロギーが語っている内容よりも，その状況や原因などに焦点を当てる必要がある。

　第三に，クリティカル・イデオロギーのうち，第五定義のイデオロギーを慎重に扱う必要がある。ニュートラル・イデオロギーのように初めから排除するのでなく，イデオロギーの攻撃性や排除性を警戒しながら検討する必要があるだろう。とくに，会計理論の概念作用に関する考察おいては，理論の文脈を理解するために必要になろう。

　次章では，宮上理論やWatts and Zimmerman [1979]とは異なる欧米批判会計学のイデオロギーを検討したいと思う。

第6章　欧米批判会計学のイデオロギー

1. は じ め に

　前章ではニュートラル・イデオロギーとクリティカル・イデオロギーに関する研究を俯瞰してきたが，本章では，欧米批判会計学 (Critical Accounting) のイデオロギー観について詳細に分析していきたいと思う。とくに，欧米の批判会計学は，多様な方法論の可能性を認めて，会計を説明しようと試みている。これは日本の批判会計学にはない特徴であろう。

　その一方で，欧米批判会計学は，方法論に注視するあまり，新古典派経済学や会計学説史の批判を超えることができない傾向にある。この問題は，新古典派経済学のモデル以上に会計の役割をうまく定義できないことに直結するであろう。むしろ，日本の批判会計学は，その当時の既存モデルを越えて，会計問題を詳細に分析してきたと考えられる。

　以下の考察にあたっては，次のような手順を踏むことにしたい。第一に，欧米批判会計学およびその周辺領域におけるイデオロギーの見方を俯瞰する。第二に，欧米批判会計学を「社会的真実とイデオロギー」，「主体性とイデオロギー」，「言説とイデオロギー」という3つの分類にわけてそれぞれのイデオロギーについて考察することにしたい。最後に，会計現象のイデオロギー的側面

を分析する際の留意事項を欧米批判会計学，およびその周辺領域から引き出す。なお，3つの分類は，欧米批判会計学を検討していく過程でたどり着いた区分である[1]。

2. 社会的真実とイデオロギー

欧米批判会計学のイデオロギー論は，Tinker [1980] や Tinker, Merino and Neimark [1982] によって，象徴的に導入された部分がある。彼らは，Marx主義という観点から会計学を考察する過程において，イデオロギーを社会的に構築される真実として分析している。ここからもわかるように，Eagleton [2007] でいう第六定義であることが示唆されている。

ここでは，Tinker [1980] や Tinker, Merino and Neimark [1982] や Neimark [1992] や Tinker and Puxty [1995] などの議論を参考にして，そのイデオロギーの定義と方法を検討することにしたい。

2.1. Tinker [1980] と Tinker, Merino and Neimark [1982]

Tinker [1980] や Tinker, Merino and Neimark [1982] や Tinker and Puxty [1995] は，会計学，特に規範論や実証会計学などの会計思考の基礎，特に新古典派経済学という前提を検討し，その前提に存在するイデオロギー性を指摘するものである。

たとえば，Tinker [1980] は，古典的な政治経済学と新古典派経済学の限界効用主義を検討し，ケンブリッジ論争やDelco社の分析を通じて，前者によって会計学をアプローチすべきであると述べる。ここで重要なことは，「所得配分が市場取引という新古典派の領分の『外側の』力によって決定される[2]」と

1　一般的なレビューについては，高寺 [1984]・陣内 [1991]・新谷 [2011] を参照されることを勧める。

いう点と「強制力とイデオロギー的な社会圧力がどのように異なる歴史の時間に異なる外観をとるのか[3]」という問題意識である。このため，Tinker[1980]は，会計学も社会政治的な見地から分析すべきであると主張する。

また，Tinker[1980]は，Delco社の分析から次のような見解を引き出す。すなわち，「利益情報は，社会経済的現実の生産物であり，3つの損益計算書の項目差は，その現実の変化から追跡されるかもしれない[4]。」このような見解から導かれるイデオロギー概念とは，「陳述をしゃむに社会的起源へと還元してしまおう」とする側であることがわかる。ただし，すでに前章で述べたように，イデオロギーがたんなるイリュージョンであるという見解や科学の対極にあるという見解を用いるわけではない。

一方，Tinker, Merino and Neimark[1982]は，Tinker[1980]の議論を引き継ぎ，「会計思考の唯物論」という立場からの社会的真実としてのイデオロギー論を展開する。まず，Tinker, Merino and Neimark[1982]は，AbercrombieやShawの諸説を参考にしながら[5]，「唯物論からみれば，財務諸表は，歴史的に「死んだ事実」という客観的なものというよりも企業実体(business reality)の『所産(creatures)』としてみられるべきである。」と述べる[6]。

そして，Tinker, Merino and Neimark[1982]は，社会的真実としてのイデオロギーとしての会計学を次のように定式化する。

「この見方における『真実』とは，論理および/または事実によって見分けられ

---

2 Tinker[1980] p.155.
3 Tinker[1980] p.158.
4 Tinker[1980] p.149.
5 「『事実』はそれ自体から決して語らない。したがって，現実の『事実』に助言を求めることは，我々の知りたいものを知る方法として決して十分な説明でない。」(Tinker, Merino and Neimark[1982] p.172.)
6 Tinker, Merino and Neimark[1982] p.173.

る絶対的なものではないが、普及したイデオロギーに同調している理論を含む『社会的真実』である。会計学における唯物論に焦点を合わせれば、会計理論が社会的イデオロギーの一部を構成し、イデオロギーとして絶えず変化し変化できることを、我々は認識する[7]。」

このような見解は、宮上理論と比較すれば、次のように考えられる。すなわち、会計理論もイデオロギーの一部であるという見解で一致しているが、宮上理論のように経済還元主義と合理化戦略を強調するという結果にはならない。そのかわりに、Tinker, Merino and Neimark [1982] は、会計理論や会計制度等の前提を疑うという立場を強調する。特に、会計理論の基礎となる新古典派経済学を批判して、古典的な政治経済学の立場から会計理論を構築しようとしている。

彼らが特に批判するのは、新古典派経済学をベースとしたWatts and Zimmerman [1979] の実証主義会計学である。まず、その議論を要約した[8]上で、会計思考の唯物論という立場から次のように批判するとともに、その理論が自壊せざるをえないと述べる[9]。

「彼らの分析の始点を形成する供給と需要の基礎となる制度的フレームワーク（たとえば政府官僚制や大学や企業）の存在とその起源を調査しないことで、Watts and Zimmermanは、制度的原動力や階級利害を生み出して普遍化する歴史的な社

---

7 Tinker, Merino and Neimark [1982] p.186.
8 Tinker, Merino and Neimark [1982] p.187. (1) 会計研究は「基礎要因の変化」で変化する。(2) 会計理論は、特定の利害集団が自己利益を促進するために用いる。(3) 会計文献は、「よりよい会計慣行」を進歩させるための「単純な知識蓄積」ではない。「その代わりに、会計実務が政治問題と制度の変化に対応できるようにその概念を改める。」「富の移転を達成するために政府の強制権力を利用する個人間の競争を焦点とするために」、Watts and Zimmermanは、社会階級を統一化する人々と財産の関係を無視する。

会過程への見通しを提供しない[10]。」

次に，Tinker, Merino and Neimark[1982]は，会計学説史を通じて，会計が限界効用主義に肩入れしてきた2つの理由を指摘する[11]。ひとつは，個人主義であり，もうひとつは客観性と独立性を維持しようとすることである[12]。Tinker, Merino and Neimark[1982]は，規範論の議論だけではなく，Watts and Zimmerman[1979]の批判にも通じるものがあると批判する。

「ごく最近の会計理論の貢献は，限界効用主義の偏見とその狭い論点を根本的に修正することなく行われている。そうした研究は，『会計の理論』から会計理論化についての理論（会計における知識の生産）へとその研究の論点を変更している。排他的な利害集団の市場は，排他的な個人の市場に置き換えられることができ，効用主義者の計算は，取引コストに組み込むことで拡張できる。しかし，一連の限界主義者の前提（したがってイデオロギー的前提）は問題とされない。Watts & Zimmerman[1979]のエイジェンシー理論の解釈には，次のような前提があることを暗示するかのように，鮮やかに描かれている。現代財務報告の主たる（おそらく

9　Tinker, Merino and Neimark[1982] p.187.「最終的に，私たちがWatts and Zimmerman自身の理論を評価するとき，すべての会計理論家を知的被雇用者の地位から追い出すことには特別な問題がある。我々は，彼らがその他の研究をみたような方法で彼らの研究をみなすべきか？　我々は，彼らの一般的な警告に従い，彼らの理論を自己利益に奉仕するものほかではないとして捨てるべきであろうか？　そうではない。Watts and Zimmermanは，奇跡的に科学的な法則を超越すると主張する。彼らは地球上のその他すべての学者の理論に適用すると断言する。その口実の理論は，正確かつ精緻にして真実な会計理論の代表として提唱される。したがって皮肉なことに，Watts and Zimmerman自身の理論は，彼ら自身の議論によって，それ以外の唯一の反論を提供する。それは，自分自身の信念を放棄するか劇的に変更する原因となる（現実主義者Popper哲学によれば）論駁に帰することになる。」

10　Tinker, Merino and Neimark[1982] p.187.
11　Tinker, Merino and Neimark[1982] pp.186-190.
12　Tinker, Merino and Neimark[1982] p.188.

単一の)合理性と目的は，資本市場に役に立つことである。排他的な市場の力がすべての利害集団を確かに保護する（すべての利害集団がその過程で表現される）。各利害集団のメンバーは，情報を均等に処理することができ，経営者の（同次）効用関数に識別できる。政府のみが強制的な権力を保有する。すべての行動は経済合理性によって誘因づけられる。公共の利益に関する議論は自己利益を覆われている[13]。」

以上のようなTinker, Merino and Neimark [1982] は，一言でいえば，我々が考える会計学の前提を問うものになる。このような議論は，効率的市場仮説のイデオロギー的前提を批判したFrankfurter and McGoun [1999] と共通している。そこで，Tinker, Merino and Neimark [1982] の見方を，Eagleton [2007] の言葉を借りて検討するのであれば，次のような議論が重要になろう。

「ごく普通の会話のなかでわたしが，あなたはイデオロギー的に話していると主張したとすれば，それはあなたが，特定の問題に対して，問題の理解を歪めるような，先入主的な観念に凝りかたまった発想しかできないということだ，わたしのほうは，ものごとを，ありのままにみる。あなたは，外的な体系として存在するなんらかの原則に照らして，そこから生ずる狭小なヴィジョンによって，ものごとを歪めてみている。…中略… この場合，イデオロギーの対極にあるのは『絶対的な真理』ではなく『経験的真理』あるいは『プラグマティックな真理』となるであろう[14]。」

「こうした考えかたのどこかおかしいかをしめすのは，さほどむつかしくない。なんらかの予断―マルティン・ハイデガーが『前了解』と呼ぶもの―がなければ，

13　Tinker, Merino and Neimark [1982] p.190.
14　Eagleton [2007] p.3（大橋訳 [1999] 24頁）.

わたしたちは問題なり状況なりを特定することはおろか，そうしたものに判断をくだすことすらできないであろう。これはほとんどの人が認めると思う。予断なき思考などというものは存在しない。そして，このかぎりにおいて，わたしたちの考えることはすべてイデオロギー的だといっていい[15]。」

すなわち，Watts and Zimmerman [1979] の見解もまたイデオロギー的な予断から逃れることはできない。Watts and Zimmerman [1979] は，言い訳 (excuse) しかできない会計理論をいわば虚偽意識として考え，経験的真理の伴わない会計理論として排撃した。しかし，Cooper [1980] が指摘するように，「会計は，現在の社会・経済・政治体制を維持・正当化する可能性があり[16]」，「会計理論は "market for excuses (口実の市場)" と多少似通った方法のイデオロギーを意味する[17]。」のである。

また，Tinker and Puxty [1995] は，Watts and Zimmerman らの論争をより広い社会的コンテキスト内において考察し，社会的イデオロギーとしての効力に依存する理論の台頭と凋落して描いている[18]。Tinker and Puxty [1995] でも，「真実とは社会的構築物であり，絶対的なものでも認識論的なものではない[19]。」と論じており，社会的真実としてのイデオロギーが用いられている。したがって，一連の研究は，イデオロギーの現実的な機能に注目し，欺瞞的な真実をつくりだす社会的コンテキストや物質的構造を明らかにしようとする。その結果は，会計学の前提となる考え方のイデオロギー性を批判することになろう。

ただし，会計学の前提となる予断を攻めることに大きな意味はない。前述の

---

15 Eagleton [2007] pp.3-4 (大橋訳 [1999] 25頁).
16 Cooper [1980] p.164.
17 Cooper [1980] p.164.
18 Tinker and Puxty [1995] p.4.
19 Tinker and Puxty [1995] p.11

ように，せいぜいその前提が原則に縛られすぎていないか，柔軟に対応できるものであるかを明らかにするだけである[20]。それゆえ，Tinker, Merino and Neimark [1982] などの主張は，イデオロギー的な前提を十分に意識した上で，会計理論の構築をおこなえばよいということを示すだけに過ぎない。また，イデオロギー的な前提を攻めすぎてしまうと，Cooper [1980] が指摘したように，自らの理論がイデオロギーとなって自壊する可能性がある[21]。したがって，欧米批判会計学は，前述のLaughlin [1999] が指摘したように，イデオロギー的な前提を覆すことによって得られるAlternativeな見解を提供することを使命とするようになる

　以上のように，一連の研究は，イデオロギーとしての会計学説史を明らかにするものであったが，具体的な会計問題を扱うモノではない。我々は，すでにFrankfurter and McGoun [1999] のようにも，新古典派経済学の基礎概念を考察できることを確認している。それゆえ，我々は，イデオロギー観の区別に拘泥されることなく，具体的な会計問題をどのように考察可能かどうかを検討すべきであろう。

---

20 「いろいろな思考形態のなかには，個々の状況を，すでに確立した一般原則と『照合』するだけでこと足れるとするものがあるし，『合理主義的』と呼ばれる思考形式には，えてしてこういう誤謬に染まっているものが多い (Eagleton [2007] p.4 (大橋訳 [1999] 25頁))。」

21 Cooper [1980] によれば，その主張も自らに跳ね返ってくる可能性がある。「会計人（および経済学者）は，規範の基礎となる理論に付帯する問題のために，その結果がわからないことを認識すべきである。もし我々が規範の目的を求め，会計士が社会で演じることに関連した役割を求めるならば，私は，イデオロギーとして我々の「理論」をみなし，イデオローグとして我々自身をみなすことを提言する (Cooper [1980] p.165.)。」たしかに規範による結果がわからないことを認識することは重要であるが，規範の結果がわからないという示唆にもイデオロギー認識があるかもしれない。このような議論を続けることは，不毛としかいいようがないのではないだろうか。

第6章 欧米批判会計学のイデオロギー　103

2.2. Neimark [1992]

Tinker, Merino and Neimark [1982] に対して, Neimark [1992] は, 具体的な会計問題を扱うものといえる。Neimark [1992] は, 取引コスト学説やMarx主義（資本主義独特の社会関係と資本蓄積の構造における社会的コンフリクト）などの考察も含まれているが, 自らが検討したい対象を次のように述べる。

> 「会計情報は, 工場の閉鎖決定を正当化することや労働者からの譲歩を引き出すことに用いられる。会計士やGAAPの権威によって生み出された抽象的な統計に直面すると, 労働組合や地方政府はそのような活動に対する異議申し立てに滅多に成功しない[22]。」

ここからわかるように, Neimark [1992] は, 会計情報が生み出す現実, そして構造主義的な事実に関心があることがわかる。これは, いうまでもなく, イデオロギーの機能の一つであるといえよう。では, Neimark [1992] は, どのようにイデオロギーを定義してどのように用いているのであろうか？

Neimark [1992] は, イデオロギーが幻想 (illusion) ではなく, 社会的真実であると主張する。まず, イデオロギーが「真実」や科学的に正しいものの対極にある信念の体系であることを否定する[23]。その上で, イデオロギーは, 真実の対極にある幻想でなく, 人々の日常生活の意味づける社会的真実であることを主張する[24]。ただし, このような見解をとったとしても, イデオロギーは, 権

22　Neimark [1992] p.5.
23　Neimark [1992] p.96. 「イデオロギーが科学の対極にあるという見解は, 科学技術が現代社会においてイデオロギーとして機能する領域を無視する。イデオロギーが現実の対極にあるという見解は, 中立的な言語によって多かれ少なかれ正確に示すことができる『客観的な』観測者を採用できる唯物論的現実が外部 (out there) に存在すると想定する。そのような想定は, 現実や知識のような言葉が絶対的な基礎ではないと主張する哲学者によって近年疑われている。」

力や支配といまだつながっていることには注意が必要である。

特に，Neimark［1992］は，Anthony Giddensの見解を引いて，イデオロギーは，既存の支配システムを是認・維持する3つの方法を指摘する[25]。第一に，イデオロギーは，「部分的な利害を全体として表象する[26]」ことである。第二に，イデオロギーは，「反対意見の存在や社会的なコンフリクトを他のものに解釈する状況を否認あるいはあいまいにする[27]。」第三に，「イデオロギーは，現状を自然化する形態を取るかもしれない[28]。」「この場合，既存の社会的あるいは制度的パターンは，部分的利害を社会的に反映・強化しようとし，確固たる不変の自然法則の仕組みから生じたものとして示される[29]。」同様の見解は，後述のLehman［1992］（岡本訳［1996］）でも採用されている。

以上のイデオロギーに関する考察をふまえた上で，Neimark［1992］は，第二次世界大戦後のGMの年次報告書の分析から「イデオロギーが戦後の労使協調の維持・再生産に必要な状況を強化するのに役立った[30]」と指摘する。特に，「自動車産業の寡占構造基盤を合理化すること[31]」，「労働力の非政治化を促進すること[32]」，「軍産複合体を正当化すること，あるいは経済成長をあおること[33]」を指摘する。具体的には，ステークスホルダー・モデルと経営者主義と

24　Neimark［1992］p.97.「イデオロギーは，社会の構成員が日常的な基礎を行い，述べることに意味を与えることに役立つ。」具体的には，Neimark［1992］は，Goran Thebornの見解を引いて，「イデオロギーは，何が存在するのか，何が彼らにとって可能なのか，『何が正しくて何が間違っているか，何が良くて何が悪いのか』を語りかける。それゆえ，権力の正当性の概念を決定するだけではなく，労働倫理，余暇の概念，僚友関係から性愛関係までの個人関係までを決定する」と述べている。

25　Neimark［1992］p.98.
26　Neimark［1992］p.98.
27　Neimark［1992］p.98.
28　Neimark［1992］p.99.
29　Neimark［1992］p.99.
30　Neimark［1992］p.101.
31　Neimark［1992］p.101.
32　Neimark［1992］p.101.

いうイデオロギーが寡占構造基盤を合理化し[34]，社会的消費規範が労働者の非政治化を促す[35]。そして，科学技術イデオロギーが科学進歩と技術変化を不可避なものとし，軍産複合体を正当化してきたとする[36]。

そして，Neimark[1992]は，イデオロギーの虚偽性を否定してその社会的真実性を主張する一方で，GMの年次報告書からつくられる支配構造や権力構造を次のように明らかにする。

「制度とイデオロギーの構造は，長年の社会的コンフリクトによる大きな結果であった。そして，それらは，決して労働者階級にとって当然の(unabashed)勝利ではないことを示した。実際，制度とイデオロギーの構造は，将来のコンフリクトを

33　Neimark[1992] p.101.
34　「ステークホルダーモデルは，従業員・株主・サプライヤー・ディーラー・カスタマー・一般大衆の利害を維持されなければならない中立的なバランスがあることを暗示する。経営者主義は，企業経営者のみがこのバランスを識別・設定・維持できることを示す。これらのイデオロギーは，産業集中に関する一般大衆の関心をそらし，一般大衆がアメリカの寡占を受け入れることを促進した(Neimark[1992] p.110)。」
35　社会的消費規範とは，社会的な成功を測るものさしとして，財を消費させる社会的イデオロギーである(Neimark[1992] p.111)。そして，Neimarkは，Marcuseを引きながら次のようにこのイデオロギーの効果を指摘する。「社会的消費規範は，職業から労働者の注意を背け，『もっと，もっと，多くのもの』を追求させることによって団体交渉協定の合意を強化した。職業は，それ自身が目的ではなく，目的のための方法，つまり消費財獲得のための目標となった。…中略…　社会的消費規範は，社会的コンフリクトと政治参加の代替物として消費と消費者の選択を提供する(Neimark[1992] pp.120-121)。」
36　Neimark[1992]は，Jurgen Habermasの『テクノクラートの意識』を用いて，科学技術がイデオロギーになりうることを指摘する。そして，それは，Giddensのイデオロギー基準を満たすと述べる。その上で，Neimark[1992]は，科学技術イデオロギーを次のように批判する。「科学技術の全能性と進歩の理想化を統合することで，GMのような企業は，労働過程の技術移行を中立的かつ不可避なものとしてアメリカ全土に受け入れさせ，より『進歩』した武器システムのために数十億ドルを進んで使い，ますますの製品『改良』を要求することができる。技術に反対することは進歩に反対することであり，地球がフラットであると提案するほど常軌を逸した行動になる(Neimark[1992] p.117)。」

労働者自らの手によって大きくするような重大な妥協やイノベーションを含んでおり，資本蓄積を促進した。また，それらは単純なものと呼べない。なぜなら制度とイデオロギーの構造は，企業の利害にとって機能的である。しかし，こうした構造が，企業の中で，企業を経営するにあたっての状況の一部となっている。社会的コンフリクトの結果のひとつであったものは，のちほどには資本蓄積がおこる前提となる[37]。」

しかしながら，Neimark [1992] のイデオロギー分析にはいくつかの問題があると思われる。ひとつは，GMの年次報告書が日本の批判会計学にみられるような資本蓄積の隠蔽手段となっている。その結果，イデオロギーは，社会的なコンフリクトの回避と資本蓄積の隠蔽という二枚舌が見え隠れしている。もうひとつは，人間がイデオロギーに対して受動的になる理由が不鮮明であり，そのプロセスがなおざりにされている。GMの年次報告書には，Neimark [1992] が主張するように労使協調関係を合理化している側面があるが，労働者が年次報告書からつくられる社会的真実のなすがままになっていないであろうか。たとえば，Neimark [1992] は，年次報告書の役割について次のように述べている。

「企業は，収益性と拡大を継続させるのに必要な状況を創造・維持しようとするので，企業自身とその関係を構築するために年次報告書を利用する。明らかに，年次報告書は，企業がこうした闘争に利用できる武器という意味を超えて，最も重要なものである。すなわち，広告，販売促進，広報活動，キャンペーン，政治的ロビイング，慈善的な寄付金，スポンサー，科学研究のサポートなどに用いられる。その影響力の源泉は，財産所有権を通じてコントロールする力であり，生産手段と労働条件にアクセスすることである[38]。」

37　Neimark [1992] pp.121-122.
38　Neimark [1992] p.100.

第6章　欧米批判会計学のイデオロギー　107

　Neimark [1992] は，年次報告書の言説がその言葉を超えて構造を支配する力を認めるが，結局のところ，津守理論と同じように，資本蓄積の隠蔽が無意識的に会計や情報公開によって合理化・正当化されていると指摘する。しかし，労働者たちも会計情報によって資本蓄積が合理化されていることに気づいていないわけではないだろう。もちろん，Neimark [1992] が主張したように，イデオロギーがそれを妨害していることは確かである。問題は，どのように労働者たちがイデオロギーによって形成されているかのほうにあるのではないだろうか。

　このように，Neimark [1992] は，イデオロギー概念を昇華させて，GMの年次報告書をMarx主義の観点から鮮やかに批判したものである。特に，イデオロギーの真実性を主張したことは特筆されるべきであろう。この点は，津守理論と方法と異なるが，年次報告書の生み出した言説が何らかの意味をもつという点で共通している。このアプローチは，イデオロギーの真実性を主張しながらも，その欺瞞的な真実を糾弾しようとしているのではないだろうか。

　このような論点から考えた場合，イデオロギー的な前提を考察するにあたっては，会計学説史を考察するよりも，Neimark [1992] のように具体的な会計問題を考察したほうがよいのではないかと考えられる。そして，その場合には，イデオロギーはどのように主体性を構築するかを具体的な会計問題レベルでおこなうほうがよいであろう。

3. 主体性とイデオロギー

　ここでは，Foucaultを方法論として採用したLoft [1986] とMarx主義的な文化理論を幅広く用いたCooper [1995] を取り上げる。Eagleton [2007] からいえば，Loft [1986] が第三定義を用いるのに対して，Cooper [1995] は第六定義を用いる。このようなアプローチの違いがあるけれども，双方ともに，主体性と

いう点に注目しながら，イデオロギーを考察している部分がある。そこで，本節では，イデオロギーの定義ではなく，どのように主体化を描くのかというポイントに絞って議論を進めたいと思う。

3.1. Loft [1986]

Loft [1986] は，Marx 主義を批判してイデオロギーを否定するとともに，「誰が，誰に，いかなる目的で語るか」という点を強く意識してイデオロギーに相当するものを次のように分析しようとする。

「『知識』と『真実』は権力の効果の一部ではあるけれども，それらは単純に権力を正当化するイデオロギーではなく，肯定的な方法で権力を生み出す。このように，歴史のある特定の時と場所で受け入れられる『真実』は，その社会で権力の作用とつながっている[39]。」

「その意味で，Foucault が書いたように，規律 (discipline) は諸個人を『つくる』。工場では，訓練技術が従業員に権力を行使可能にさせる事実だけに見られるわけではない。訓練技術は，訓練やスキルや能力の量によって測定される従業員生産単位『になる』特徴を生み出す。この権力は，単純に従業員に対してではなく，従業員を通じて行使される[40]。」

特に，Loft [1986] は，Marx と Foucault の違いを，特に規律が資本に結びつけられるかどうかとしてる。すなわち，Loft [1986] は，「2つの展望の差が最も明確である。Foucault のスキームでは，すべてにおいて『資本』に強力かつ意図的に結びつけられることがない。これに対して，Marxist のスキームでは，

---

[39] Loft [1986] p.33.
[40] Loft [1986] p.57.

第6章　欧米批判会計学のイデオロギー　109

『資本』が工場での事象を直接的に支配する[41]」と指摘する。したがって，Loft [1986] のアプローチは，Marx主義の経済還元主義的なアプローチを否定した上で，主体性を通じた規律としての権力について考察している。

そして，Loft [1986] は，こうした方法論を基にして，第一次世界大戦前後のイギリスの原価計算の発展を対象とした分析を展開している。

第一次世界大戦以前のイギリスでは，原価計算は，会計よりもエンジニアリングに関連しており，工場管理から明確に区別することができない状態であった[42]。しかしながら，原価計算は，工場内の統制作業や調整作業の知識として台頭し，第一次世界大戦までには会計士と結びつけられるようになっていた[43]。しかし，第一次世界大戦は，従来の軍需品調達制度が機能不全に陥り，暴利を貪る業者 (Profiteers) を社会問題化させた[44]。その結果，Loft [1986] は，原価は，将来の利益を改善するために過去の生産活動を調査するのではなく，政府契約の価格決定のために必要となったと指摘している[45]。

第一世界大戦後には，原価計算と工場原価計算士協会 (Institution of Cost and Works Accountants) は，複雑な政治背景の中で「労使の調停者」として「価値中立的な技術」として注目されるとともに，産業資本家たちの支持を求めることにもなった[46]。Loft [1986] は，1920年代の政治的に複雑な状況を経て，「原価会計士は，政治のきまぐれな人間であり，技術的・科学的な人間であり，イギリス人のために単純に働くことになった」と評している[47]。そして，原価計

41　Loft [1986] p.65.
42　Loft [1986] p.85.
43　Loft [1986] pp.137-139.
44　Loft [1986] p.160-165.
45　Loft [1986] p.191.
46　第一世界大戦直後の復興では，「主流派だけでなく社会主義者たちも，生産を効率的にするための価値中立的な技術であるのは明らかだとして，原価計算を支持した (Loft [1986] p.222.)。」
47　Loft [1986] p.288.

算は，「『単一国家哲学』」として表面化し，「標準的な学術用語と統一原価計算が全体としてのイギリス産業が最大効率保証」を与えたと指摘している[48]。

　Loft[1986]は，原価計算という知識を言説分析によって，歴史的背景を丁寧に明らかにしている。これは，イデオロギーとなりうる歴史的背景を分析しているとも考えることができる。また，言説や歴史的背景がMarx主義のように必ずしも「資本」に結びつけなくとも，権力関係や社会的コンフリクトから会計問題を分析することを可能にしている。それゆえ，イデオロギーを分析に当たっても，Loft[1986]の言説分析・歴史分析を見習うべきことが多い。

　しかしながら，イデオロギー分析は，たんなる言説分析ではなく，主体がひそかに形成され，その他の可能性が消去されていくプロセスを分析しなければならない。たとえば，Loft[1986]は，原価計算が科学としての形成されてきたことを主張しているけれども，会計士たちの意図的な部分に分析が集中している。Habermasが述べたように[49]，原価計算のような科学的計算は，社会問題を手続きや技術の問題にすり替えて搾取可能な知識として存在している面もある。それゆえ，大きな意味での搾取はみえないし気づかれないが，小さな意味での搾取には気づくし是正されるというような傾向があるかもしれない。そして，会計士たちは，イデオロギーによる合理化戦略に気づかないうちに荷担している可能性もある。

　このような可能性を考察するためには，もう一工夫が必要ということがいえる。そこで，欧米批判会計学において様々な方法論を導入して，ヘゲモニーやイデオロギーと会計言説を検討したCooper[1995]について検討したい。

3.2. Cooper[1995]

　Cooper[1995]は，Marx主義的な文化理論を幅広く用いて，資本主義を維持

48　Loft[1986] p.288.
49　中村[2012] 20頁。

第6章　欧米批判会計学のイデオロギー　111

する会計の役割を分析する。特に，Gramsciのヘゲモニー概念や有機的知識人，ポスト構造主義などによる言説分析などを用いて，1980年代のジャーナリスト全国組合（National Union of Journalists: NUJ）のケーススタディをおこなっている。Cooper [1995] は，会計が組合の新しい状況を示すことで，別の理解をあいまいにできることを示し，そのイデオロギーの作用を次のように表現している。

「イデオロギーは，ある記号表現（signifiers）を権威ある立場に与えることで，会計を通じて作用するとみられる。すなわち，我々が世界を理解するために役立つと同時に，世界を理解する別の方法をひっそりと除外しようとする会計の役割によって作用する[50]。」

では，このような見解の基礎となる方法論は，どのようなものであったのであろうか。まず，Gramsciのヘゲモニー概念[51]や二重の意識と有機的知識人の議論[52]を会計へと適用させる。次に，ポスト構造主義やポストMarx主義の議

50　Cooper [1995] p.176.
51　Cooper [1995] は，Gramsciのヘゲモニーをもちいて，次のような議論を展開する（Cooper [1995] pp.177-180）。支配権力は，特定階級の経済的利害に限定できず，普遍的な利害と妥協して普遍的な利害を反映している。そして，「ヘゲモニー的な妥協や改善がイデオロギー的・経済的・政治的形態で文化の中で実行される。」Cooper [1995] は，このような傾向が会計制度や会計専門職の領域でもおこなわれていることを主張している。そして，「もし権力が見えないならば―すなわち社会生活の編成体にいたるところに普及し，慣習や習慣や『自発的』な慣行として『自然化』しているならば―権力は強力だ。」と述べている。
52　Cooper [1995] は，Gramsciの「支配者の『公式』見解から借り受けられた世界観」と「抑圧されたひとびとの現実の社会経験からみちびだされた世界観」という対立する世界観が存在する議論を利用して，次のような議論を展開する。「たとえば，すべてを貨幣額によって考えず，財務だけに単純化できない重要なものがあることに気づくことはよいと主張できるが，我々は，物質的条件が命令する世界に住んでいるので，財務を考えなければならない。この点は，Wittgensteinanのいうとおりである。すなわち，これは財務が決めているといえるのではなく，むしろ言語が社会生活の実践形態の中で影↗

論をもちいて，会計言説の特殊効果「閉止―完結性[53]（クロージャー）」や主体構築の重要性をあぶり出そうとする[54]。続いてBarthesなどの神話に関する議論を利用して会計の自然化[55]を指摘する。この際，Cooper[1995]は，会計言説が新古典派経済学に強く依拠して，「イデオロギーの文法にかなっている（ideologically grammatical）」と述べる[56]。具体的には次のような議論を展開している。

「新古典派経済学内において，会計の『役割』が市場の自由かつ効率的な売買を促進するための*中立的な情報*を提供することにある。この言説内では，中立的な会計情報は効率性を高めるであろう。…中略…イデオロギーは，会計の調整を通じ

↘響している。言説は，その社会的状況に本質的に関連づけられる。会計数値の利用は，唯一の支配的な理由―財務関係に単純に要約できない。我々の関心は，社会における会計と会計士の立場を反映して，我々は，表面上，複雑化する世界，資本主義の歴史的発展，もちろん資金の欠乏が我々の生活に大混乱をもたらす（会計が提供するような）単純化モデルを構築する必要性にある（Cooper[1995] pp.185-186）。」

53 「閉止―完結性（クロージャー）」とは，「特定の意味作用形式を暗黙のうちに排除したり，特定のシニフィアンだけをすべての中心に『固定』したりする。」（Eagleton[2007] p.194（大橋訳[1999] 404頁）.） 具体的に言えば，「イデオロギーの力は，意味そのものに起因するのではなく，意味を固定する力に起因する。」（Eagleton[2007] p.195（大橋訳[1999] 406頁）.）

54 Cooper[1995]は，DerridaやEagletonなどの議論をもちいて会計言説の性格と主体形成を次のように述べる（Cooper[1995] pp.180-182.）。「会計は，特定の言説ではあるが，イデオロギーではない」が，会計言説内の「閉止―完結性（クロージャー）」をもたらす。ポスト構造主義の議論によれば「主体は言語によって記されて言語の機能になる」ので，会計言説内の「閉止―完結性（クロージャー）」によって主体が形成される。この結果，「会計言語の習得は，私たちの主体性の構築に重要な影響を与える。」Cooper[1995]は，「主体性構築における言語の役割は，社会的なコントロールにおける不可視の過程を理解する方法のひとつである。そして，私たちは，『快く』社会形成に存続に必要な主体的立場や主体的行動をとる。」とのべ，ここでも自然化の戦略が強調されている。

55 Cooper[1995]は，特にBarthesのイデオロギーによる自然化に注目して，神話としての会計を描いている（Cooper[1995] pp.182-183）。「会計（神話）は，潔白な言葉として体験される。その意図は隠されているのではなく『自然化』されている。もし隠されているのならば，それは効果的ではない。…中略…シフィニアンとしての会計もまた現実と境界線を共にする自然なものとして現れる。」「会計の自然化は，会計の歴史を思い起こさせることを難しくする。」

56 Cooper[1995] p.184.

て，効率性や中立性や自主性や公正な配分のようなものに従って『事を進める』。これは，会計言説を問題にすることを極度に難しくする効果をもっている。なぜなら，会計言説を問題にすることには，我々の歴史的経緯を問題にする結果となるからである。我々の『常識』は，会計が正しくなければならないと語る。会計士と効率性や中立性や自主性や公正な配分の関係はたえず所与とされるものではないが，この種のイデオロギー領域は，前史によって力強く構築されているので壊しがたい。新古典派経済学の言説は，現在の経済システムと弁証的な関係にある。意味の駆け引き（The politics of signification）は，会計が新古典派経済学の言説に強く描写される傾向を意味する。つまり，社会の経済的基盤が会計言説のまわりに数種類の閉止―完結性をもたらしている[57]。」

このように，Cooper [1995]は，さまざまな方法論が入り乱れて会計の役割について議論をおこなっている。特に，いろいろな方法論が混在しているため，その論理を読み込んでケーススタディをおこなうためには複雑すぎる点がある。しかしながら，その議論の行き着くところは「会計言説の自然化戦略」といえるであろう。Eagleton [2007]がGramsciの議論を念頭において指摘するように，「社会全体の『常識』と化した権力と，私たちはどのように一戦をまじえることができるのか？[58]」。さらに，Eagleton [2007]の言葉を借りれば，次のようにCooper [1995]を整理できるであろう。

「もしヘゲモニー概念が，イデオロギーをふくらませ豊かにしているのとすれば，それはまた，イデオロギーというどことなく抽象的な用語に，物質的な肉体と政治的な有効性を付与しているともいえよう。グラムシによって決定的な移行がおこなわれたのだ。『観念体系』としてのイデオロギーから，生きられた慣習的で

57　Cooper [1995] p.184.
58　Eagleton [2007] p.114（大橋訳 [1999] 244頁）.

社会的な実践としてのイデオロギーへと。いきおいこの移行によって，形式的制度のはたらきのみならず，社会経験の無意識・非文節的な次元を考慮せねばならなくなった[59]。」

Cooper [1995] は，Neimark [1992] などの研究と異なり，イデオロギーが直接的に資本に関連することなく，人間が社会的実践としてのイデオロギーに対して受動的になる理由を描いている。ただし，「イデオロギーは，意味と主体性を構築する作用として，歴史に所与とされるその物質的状況と切り離すことができない[60]」ので，「主体性の関わりがその物質的な状況にあてはめられる必要がある[61]。」Cooper [1995] は，このような方法論をNUJのケーススタディに用いている。

しかしながら，この方法論にはひとつ疑問がある。すなわち，Carr [2001] が示したように[62]，我々自身が現在という時から過去をみるために，歴史的な物質的構造自体も歴史家自身の想像産物になるのではないだろうか[63]。我々は，Loft [1986] のようにもイデオロギーと主体性を分析できることを確認しているので，Loft [1986] と Cooper [1995] の見解相違に拘泥されないほうがよいと考える。

問題は，会計言説の主体への影響力，すなわち宮上理論がその影響力を否定し，津守理論が一定程度において認め，山地理論が強く認識した影響力をどのように分析するかどうかである。その意味において，Cooper [1995] の会計言説に対する考察は有益なものであったであろう。特に，会計言説の「閉止―完結性〔クロージャー〕」は実り多き成果のひとつではないだろうか。

59　Eagleton [2007] p.115 (大橋訳 [1999] 246頁).
60　Cooper [1995] p.187.
61　Cooper [1995] p.187.
62　Carr [2001] p.24 (清水訳 [1962] 40頁).
63　厳密にはポストモダニズムのような相対主義の立場を部分的に取り入れた場合である。

4. 言説とイデオロギー

　Loft [1986] やCooper [1995] は，イデオロギーを分析するにあたって多様な方法論の在り方を提唱するものであった。しかしながら，その方法論の複雑性に比べて会計の考察が脆弱といえる。特に，日本の批判会計学が方法論から会計分析にまで独自の理論を貫いている姿勢と比べると対照的である。それゆえ，欧米批判会計学は，方法論には貢献するけれども，会計のより深い理解には貢献できないという批判もあるかもしれない。

　そこで，我々は，Loft [1986] やCooper [1995] の方向性をさらに進めるため，方法論の重要性と会計分析をバランスさせているLehman [1992] とFerguson et al. [2009] の研究を取り上げたいと考える。両者は，その立場が少し異なるけれども，テキスト分析や言説分析を通じて会計に潜むイデオロギー戦略をうまくとらえようとしている。

4.1. Lehman [1992]

　Lehman [1992] は，Althusserのイデオロギー理論を導入して社会的実践としてイデオロギーを概念化し，Derridaの「脱構築」を利用し経営・会計文献の言説を分析しようとする。まず，Lehman [1992] は，会計の役割の重要性を次のように指摘する。

　　「会計が，ビジネスの言語として，記号システムとして，社会実践として，イデオロギーとして，現に存在し，普及している事実からして，われわれは会計を陳腐化した，不要なものと考えるべきものではなく，会計の役割が，対立を解消する儀式化した方法であることを認識する必要がある[64]。」

Lehman [1992] は，会計の役割を「対立を解消する儀式化した方法」であると考えたうえで，次の二つの疑問に答えようとする。ひとつは「一般社会における社会対立の本質とは一体なんであろうか」ということであり，もうひとつは「会計（業務）が社会的闘争においてどのような役割を演じるのか」ということである[65]。特に，「会計記録が政治闘争や社会闘争とは無縁で中立的なものである[66]」という立場を排して，「会計環境を組み込み，かつ会計の社会的構造を，歴史的方法で認識する社会的文脈において会計にアプローチする[67]」立場をとる。それゆえ，会計研究者は，「歴史的・社会的（思想）基盤の上にある一連の信念や価値観を伴いながら陰に陽に接近するものである」と述べる[68]。

特に，Lehman [1992] は，会計実務や会計学が「社会的リアリティの要求」から派生または投影するものだけではなく，社会的リアリティを創造かつ構築すると次のように指摘する[69]。

「会計は，単に対立のリアリティを反映するだけではなく，対立のリアリティを決定かつ構築するものである。…中略…つまり，会計は，奉仕する利害関係者に利益をもちらす（逆に，奪ったりする）権力の用具であるから，会計の諸政策と諸理論が，論争の標的となるのである。富（財産）の分配を巡る対立は，資本主義社会に固有の遍在する問題あるから，会計の諸政策と理論が果てしなく続く論争である[70]。」

したがって，Lehman [1992] は，宮上理論や津守理論のように社会的現実を

---

64 Lehman [1992] p.2（岡本訳 [1996] 3 頁）．
65 Lehman [1992] p.12（岡本訳 [1996] 17 頁）．
66 Lehman [1992] pp.17-18（岡本訳 [1996]）22 頁）．
67 Lehman [1992] p.36（岡本訳 [1996] 45 頁）．
68 Lehman [1992] p.49（岡本訳 [1996] 63 頁）．
69 Lehman [1992] p.55（岡本訳 [1996]）71 頁）．
70 Lehman [1992] p.150（岡本訳 [1996]）187 頁）．

第6章　欧米批判会計学のイデオロギー　117

反映するという立場だけではなく，山地理論のように社会的現実を構築するという立場も併せ持っている。そこで，その方法論の詳細を明らかにすれば次のとおりである[71]。まず，Lehman [1992] は，虚偽意識としてのイデオロギーを否定し，AlthusserやGiddensの見解を採用する。すなわち，イデオロギーは，「社会の接着剤」として機能していることを指摘し，次のように社会的・歴史的側面の重要性を強調する。

「アルチュセールにとってのイデオロギーは，あらゆる社会機能に不可欠なものである。イデオロギーは，個人の経験を説明し，取り次ぐものであるから，個人が社会的に意味を有する方法で，リアリティと関係する制度的メディア（例えば，宗教，学校，組合等）である。この点で，イデオロギーは積極的に呼びかける一つの社会的実践である[72]。」

したがって，Lehman [1992] は，イデオロギーを社会的実践として概念化し，特定の社会的表現の意味作用を分析する。特に，イデオロギーは，Eagleton [2007] でいうところの普遍化・統一化・自然化などの戦略を駆使して，さまざまな社会対立を和らげていく[73]。その結果，Lehman [1992] は，「会計は，その国家のイデオロギー装置の一部を形成するが，一つの属性という意味ではなく，むしろ国家が社会的緊張を管理するのに利用できる『権力の用具』である[74]」と述べる。

71　Lehman [1992] pp.77-83（岡本訳 [1996]）97-106頁）。Lehman [1992]（岡本訳 [1996]）は，イデオロギーと認識論との関係および社会対立を管理するイデオロギーの役割について言及している。その後，会計文献の記号論分析を行う際しての，研究方法として内容分析や記号論分析や脱構築について叙述している。
72　Lehman [1992] pp.77-78（岡本訳 [1996] 98頁）。
73　Lehman [1992] pp.78-79（岡本訳 [1996] 99頁）。
74　Lehman [1992] p.79（岡本訳 [1996] 100頁）。

次に，Lehman［1992］は，会計文献と経営文献のイデオロギー的表現を分析するために，記号論や脱構築を用いる文献分析アプローチを採用する[75]。文献分析アプローチでは，「言説」を「社会的に構築されたものとみなし，主体の潜在意識が，記号表現つれる前の文化的テーマや裏付けによって形成されるものとみな」される[76]。Lehman［1992］は，脱構築[77]を通じて，テキストにおいて否定・抑圧・排除されたものを救い上げて再現しようとするものである。以上のような方法論の考察を通じて，Lehman［1992］は，次のような会計言説実践を述べる。

「会計のディスクール的実践は，こうしたイデオロギー装置の重要な構成要素のシンボル（人為的記号）である。会計シンボルは，その指示対象と緩やかに結び付いて，いろいろな社会的利害に奉仕する手段によって『意味づけがされる』ものである[78]。」

こうした分析によって明らかになるのは，会計言説が「社会対立を曖昧にし，社会対立に順応かつ転換する社会的イデオロギーを創造し，普遍化し，かつ構築することに役立つ[79]」ことである。Lehman［1992］は，1960年から1973年までの *The Journal of Accountancy* と *The Accounting Review* と *Fortune* に掲載された言説を詳細に区分けして評価することで通じて実証した。特に，会

75　Lehman［1992］p.81（岡本訳［1996］）102頁）.「われわれは，イデオロギーを，その究極的な「シンボル」と「解釈」の構成要素として分析することが可能であるし，シンボルと解釈が「生活」（諸実践）を構築する上で重要であり，グラムシが言うところの「常識」である。」
76　Lehman［1992］p.81（岡本訳［1996］）103頁）.
77　Lehman［1992］p.82（岡本訳［1996］105頁）. 脱構築とは，「自我の繁栄を含み，かつ，テキストにおいて否定され，抑圧され，排除されたものは何か，特権が認められ，そして具象化されてきたものは何か，を批判的に探究し，みきわめることである」
78　Lehman［1992］p.83（岡本訳［1996］）106頁）.
79　Lehman［1992］p.149（岡本訳［1996］）186頁）.

計文献の実証では，「会計が，イデオロギー闘争に関与し，世界の表現を変化させ，そして会計ディスクール形態を変化させた[80]」ことを実証した。

以上のように，Lehman [1992] は，イデオロギーを社会的な実践として捉えて，その意味形成を精査した。特に，「イデオロギーが社会的行為や実践に影響し，社会的骨格を形成する力となっている。経営者の洞察力，ビジネス・リーダーシップ，そして利潤として受け入れられた社会的秩序が，自然で，普遍的，そして現実に考えうる限りの世界の中で最良なものと描くことによって，社会構造は，議論の余地がないものとなる[81]」という指摘は的を射た表現であろう。まさに，会計言説が形成するイデオロギー的要素をうまくくみあげているといえる。

しかしながら，Lehman [1992] の分析は，たしかに経営・会計文献の言説を詳細に分析したものであるが，Tinker らの諸説と同様に会計の役割という大きな部分への分析が用いられている。またその分析は，さまざまな指向性をもつ言説を一括して検討するものであり，一定の指向性のある言説を連続してとらえようとするものではない。したがって，批判会計学のように具体的な会計問題を用いて，イデオロギーや言説と経済的要因や利害との関係を鮮明しているわけではない。会計は，社会的現実を反映するだけでなく，社会的現実を構築するものであるが，その相互作用を描写するには工夫が必要である[82]。

---

80 Lehman [1992] p.91（岡本訳 [1996] 118-119頁）．
81 Lehman [1992] p.107（岡本訳 [1996] 138頁）．
82 この点は，真理というテーマをどのように解するかという哲学的テーマとも関連しているように思われる（岡野浩・國部克彦・柴健次監訳，[2003] 47頁）．すなわち，真理は多かれ少なかれ絶対的で客観的な意味で解するか，すべてに依存しており事前の主観がもたらした結果である2つの主張である。Lehman [1992] の分析は，この二つの主張の中間的な領域から考えられたものであろう。

120   第3部　欧米批判会計学とイデオロギー

4.2. Ferguson et al. [2009]

　これに対して，Ferguson et al. [2009] は，イデオロギー戦略を言語戦略へと落とし込み，財務会計の教科書内にどのように現れるかを分析する。その分析は，Thompsonの諸説に基づいた，言説分析となっている。それによれば，「イデオロギーを研究することは，その意味が支配関係を確立・維持させようとする方法を研究することである」と述べる[83]。ただし，Thompsonの方法はMarx主義の負の側面を引き継いでいるが，イデオロギーを幻想（イリュージョン）とみる見解については明確に却下している。

　具体的には，Ferguson et al. [2009] は，5つのイデオロギー戦略とその言語戦略を上のような図表に示している。特に，「どのようにして会計学，経営管理の教科書がしばしば特定の世界観を疑いなく提示するのか，何によって所有と経営の利害がしはしば優先されるのか」，そして「こうしたテキストが経営管理のコンテキストの中で権力の非対称性を言及したり問題としたりしないのか」を示そうとする。

　Ferguson et al. [2009] は，5つのイデオロギー戦略を3つの財務会計の教科書と3つの会計専門トレーニングマニュアルのイデオロギーの分析から明らかにしようとした。この結果，正当化戦略[84]，特に普遍化や物語化が財務会計の教科書にみられると述べている。また，他の戦略では，物象化[85]や偽装化[86]や断片化[87]が見られることを示唆している。たとえば，Ferguson et al. [2009] は，「株主のための財務諸表作成目的がすべての情報利用者のニーズを満足させる[88]」という前提をすべての教科書が採用していること（普遍化戦略），そし

83　Ferguson et al. [2009] p.899.
84　Ferguson et al. [2009] pp.902-903.
85　Ferguson et al. [2009] pp.906-907.
86　Ferguson et al. [2009] pp.904-905.
87　Ferguson et al. [2009] p.906.
88　Ferguson et al. [2009] p.907.

イデオロギー作用方法	言語戦略	解説
正当化 (Legitimation)	合理化 (Rationalization)	社会関係を正当化・合理化する。 (※chain of resoningと呼ばれる)
	普遍化 (Universalization)	少数集団に役立つ制度的関係が全員のためになるという主張。
	物語化 (Narrativization)	現在の社会関係が過去からの伝統や物語に位置づけられる。
偽装化 (Dissimulation)	置換・転移 (displacement)	通常、それ以外に用いられる言葉を用いること。
	婉曲 (Euphemization)	社会関係に積極的な「解釈(spin)」を与える記述的な言葉への変更
	比喩 (Trope)	提喩、換喩、隠喩を含めること[1]。
統一化 (Unification)	標準化 (Standardization)	諸個人あるいは集団の団結を生み出す言葉や記号の標準化。
	単一性の記号化 (Symbolization of unity)	集団間の集団意識を生み出す共有記号の選定
断片化 (Fragmentation)	差別化 (differentiation)	集団間の差を強調すること。
	他者の除去 (Expurgation of the other)	共通の敵をつくること—対立して人々をまとめるために。
物象化 (Reification)	自然化 (Naturalization)	状況を自然なもの、あるいは歴史的過程における自然な結果として提示すること。
	永続化 (Eternalization)	状況をその歴史的背景なしに描写すること。
	名詞化 (Nominalization)	文章内の行為者と行動が名詞へと変更されること。

Adopted from Brasier, KJ., [2002], "Ideology and discourse: character of the 1996 farm bill by agricultural interest groups," *Agricultural and Human Values* Vol.19 No.2, p. 241

1. 提喩とは、「全体の名称を提示して一つの名称にかえ、また、一つの名を提示して全体を表すこと」である。換喩とは、「あるものを表すのに、これと密接な関係のあるもので置き換えること」を示す。隠喩とは、「あるものを別の物にたとえる語法一般」をさす。(広辞苑より)

図表6-1 イデオロギー戦略の方法とその関連 (Thompson [1990])

て「現代企業活動および資本の出現にとって、Summaの出版と複式簿記の発明の重要性が共通して強く関連づけられる[89]」こと（物語化）が4つの教科書にみられたことを指摘している。

そして，Ferguson et al.[2009]は，教師が会計教科書内の株主重視に挑戦するために，講義や個人指導や補助教材を通じて教育の際に「もうひとつの展望」や他の「世界観」を導入する必要があることを指摘する[90]。ただし，教育出版業界が強い利潤動機のあるコングロマリットに支配されているので，会計専門職が広く物質的な状況を含むテキスト認可基準でリーダーシップを取るべきだと主張している[91]。したがって，Ferguson et al.[2009]は，会計教科書の出版事情までに言及して，その物質的構造を変化させるべきであると述べる。

Ferguson et al.[2009]は，Thompsonにもとづき，イデオロギー戦略を具体的な会計事象を分析可能なレベルまで落とした。それゆえ，そのイデオロギー分析は，たとえばCooper[1995]にみられるような方法論の複雑性はなく，多くの会計と呼ばれる現象における会計言説を分析できる可能性を秘めている。

しかし，Ferguson et al.[2009]には，ひとつの大きな問題がある。それは，なぜ会計教科書がそのようなイデオロギー戦略を用いるのかを分析していないことであろう。たとえば，Cooper[1995]が指摘したような会計言説の閉止完結性があるかぎり，その状況を打破することが難しい。また，新古典派経済学以外のモデルを用いてどのように会計を考えるべきなのであろうか。たしかにShareholderモデル以外では，Stakeholderモデルや伝統的な利害調整モデルなどがあるが，それらも新古典派経済学のモデル内で説明されることが多い。さらに，現場の教師や会計専門職たちの多くが新古典派経済モデルの中で教育を受けた人々である。

これは，クリティカル・イデオロギーを扱う際に最も注意すべきことであろう。もしEagleton[2007]の議論にそうならば，次のような論点が重要になろう。

89　Ferguson et al.[2009] pp.903, 907.
90　Ferguson et al.[2009] p.908.
91　Ferguson et al.[2009] p.908.

「イデオロギーを根幹から変換しようと，偽りの記述のかわりに真実の記述を提出してもだめであるというような—なぜならイデオロギーとはたんなる誤解ではないのだから。偽りの意識について云々する際，それがいかにひとを欺くものであるからといって，事実関係だけの誤りをもってして，偽りの意識をイデオロギー的と呼ぶことではない。『イデオロギー的錯誤』について語るとは，特殊な種類の原因や機能をともなった錯誤について語るということである。わたしたちと現実のあいだの生きられた関係，それを変革し，その変革を確実なものにしようとするなら，現実そのものなかで物質的な変化が生じなければ，お話にならない[92]。」

この答えは，Cooper［1995］や山地理論が主張するように他の可能性が消去されていることにあろう。株主重視や簿記重視を批判することは簡単ではあるが，その原因と機能を指摘した上で，それに代わる可能性を示すことは難しいといえる。それだけ，我々の常識とイデオロギーの間に深い関係があり，いつのまにか位置づけられることであろう。Cooper［1995］は，初期の結論がDavid Cooperに「強い絶望感（a strong sense of hopelessness）」を感じられたことに関連して，次のような結論を残している。

「私は次のように考えている。アカデミズムは，学生の心を新しいアイデアへと振り向かせて，世界を認識するために，そして常識的な信念に対してクリティカルなアプローチを展開するのに役立つために，新しい（alternative）理論的な『眼鏡』を提供しうる。…中略…国家は，多数派を心にとめているならば，長期にわたって生き残ることができる。結局，イデオロギーは，国家の永続化に重要な役割を演じる。会計研究の重要性は，我々が生きる資本主義システムのイデオロギー的基盤とその作用に独特の見方を提供することにある。資本主義イデオロギーの実践的な

---

[92] Eagleton［2007］p.30（大橋訳［1999］80-81頁）．

124　第3部　欧米批判会計学とイデオロギー

作用を理解することは，私たちの自由に貢献する可能性を秘めている[93]。」

　おそらく，これがクリティカル・イデオロギーからみた場合のひとつの答えであるといえよう。すなわち，欺瞞的な社会的真実へと縛っているイデオロギーを明らかにすることである。問題は，イデオロギーの原因や作用をどのように明らかにするということであろう。したがって，Fergason et al.[2009]の議論は，イデオロギーの言語作用を分析するものではあるけれども，別の可能性を指摘する部分が少ない。逆にいえば，津守理論や山地理論のような日本の批判会計学のほうがそうした揚げ足取りに陥ることなく，会計の機能を積極的に定義しようとする「眼鏡」を提供しているのではないだろうか。

　したがって，ここに我々は以下のような結論を下すことができる。欧米批判会計学は，たしかにイデオロギー理論などを積極的に用いて新しい理解を模索していることは間違いない。この点は，日本の批判会計学が見習うべきところであろう。しかし，欧米批判会計学は，同時に方法論に縛られすぎるあまり，会計現象への柔軟な理解が不足している。それゆえ，上記で議論した分析は，大局的なコンテキストを用いることによって得られる見解や前提となる予断（特に新古典派経済学モデル）を覆すことによって得られる見解，そして言語的な表象に固執してしまうような傾向すらあるといえる。この結果，日本の批判会計学にみられたような会計の本質に直接的に迫ろうとする議論が弱い。

5. お　わ　り　に

　欧米批判会計学(Critical Accounting)は，様々なイデオロギーの見方を積極的に用いて新しい理解を模索している。本章で考察した諸説は，会計と呼ばれ

93　Cooper [1995] pp.204-205.

る現象において見過ごされがちな側面を問うている。それゆえ，会計のイデオロギー的側面を分析する意義は大きいといえる。しかし，欧米の批判会計学は，同時に方法論に縛られすぎるあまり，具体的な会計問題への柔軟な理解が不足している。その結果として，大局的なコンテキストや前提となる予断（特に新古典派経済学モデル）を覆すことによって得られる見解，そして言語的な表象に固執してしまう傾向がある。したがって，以上の考察は，次の三点に注意すべきことを示している。

まず繰り返しになるが，第一に，イデオロギーは，単なる虚偽意識でもなく，透明で中立な陳述でもなく，ましてや科学や真実の対極にある信念でもない。前章でも述べたように，クリティカル・イデオロギーとニュートラル・イデオロギーという区分にはそれほど有意義なものではないと考えられる。むしろ，その変化や移ろいに意義があるのではないだろうか。したがって，何がイデオロギーになのかを定義するのではなく，会計の概念において，イデオロギーとなりそうなもの，あるいはイデオロギーであったものを見つけるほうがよいであろう。

第二に，イデオロギー的な前提を考察するにあたっては，会計学説史や実証会計学を考察するよりも，具体的な会計問題を考察したほうがよいのではないかと考えられる。すなわち，イデオロギーはどのように主体性を構築しているのかを具体的な会計問題レベルで考察するほうがよいであろう。そのことによって，規範会計学や実証会計学が見逃しているAlternativeの見解を提供することがよいであろう。

第三に，会計言説の主体への影響力をどのように捉えるかという問題が重要になると思われる。Cooper [1995] の会計言説に対する考察は有益なものであったであろう。特に，会計言説の「閉止―完結性（クロージャー）」は実り多き成果のひとつではないだろうか。歴史を奪い，そして歴史の考察からもなかなか見いだすことができない脱歴史化は，我々の研究としても重要な意味を与えるのではない

だろうか。問題は，会計言説の効果をどのように捉えるかということであろう。Ferguson et al. [2009] は，この点において有力な方法論を提供しているといえるであろう。

　最終的に，我々が目指すところは，イデオロギーが主体化に果たす機能である。つまり，会計の概念がイデオロギーになるかどうかは主体化の役割にある。伝統的なMarx主義に従うイデオロギーは，概念自体が現実から離れて暴走し，逆に人の行動を束縛して現実を拘束する力をもつ。すなわち，中立的な概念でしかなかったものが批判的な概念に代わり，逆に批判的な概念であったものが中立的な概念に代わるプロセスが重要と思われる。かつての批判会計学は，イデオロギーからの解放や批判に終始してきたが，問題はその原因に目を向けることと，イデオロギーの現実的な機能にあるのではないだろうか。

第4部　会計学と偶然性

　第4部は，第1部から第3部までの考察にもとづき，まずイデオロギーへの接近方法を論じるとともに，その記述方法を整理する。また同時に，既存研究は，どのように偶然性を見出し，その原因をどのように解釈してきたかを考察する。この際，批判会計学や欧米批判会計学の考察から導き出されたイデオロギーの及ぼす作用が鍵になろう。

　まず，第7章は，批判会計学や欧米批判会計学の経験からイデオロギーにどのように接近していく方法を決めるであろう。イデオロギーは，偶然性を基調とした歴史的パースペクティブを構築するうえで役立つ。その結果，イデオロギー分析は偶然性の源泉を探究する方法として優れていることを論じるであろう。

　次に，第8章は，既存研究に散りばめられたイデオロギー分析を統合させるとともに，我々の研究と既存研究の描き方についての距離間を記述するように努めていくであろう。ここでは，Weber＝大塚史学や会計史研究や制度主義研究におけるイデオロギーの役割をくみ上げ，イデオロギー分析が歴史的叙述研究に理論的なフレームワークを与えることができると論じるであろう。

　第4部において，キーワードになるのは，Eagleton [2007] と Žižek [1989]（鈴木訳 [2000]）にもとづいて引き出された「脱歴史化」と「速すぎる歴史化」である。「脱歴史化」と「速すぎる歴史化」は，過去と将来を同時に消すだけでな

く，無限後退の輪を断ち切る予断を作り出す。こうした歴史化という概念操作が人の認識を通じた偶然性の源泉になっているのではないだろうか。

　そこで，本部は，歴史化という概念操作を明確化させるとともに，我々の研究と既存研究との知見を統合させることに目的が集約されるであろう。

第7章　イデオロギーへの接近方法

1. は　じ　め　に

　Louis Althusserは，イデオロギーを「生きられた関係」と評したわけであるが，この定義は，たんなる空想や虚偽ではなく現実と想像が根深く絡み合っていることを意味している[1]。会計は，現実上の関係を正確に描写する道具であるが，同時に想像上の関係を描写していないだろうか。山地 [1994] が指摘するように[2]，会計そのものが「仮想現実（バーチャル・リアリティ）」のチャンネルという捉え方もでき，人や組織は会計によって作り出された「仮想現実」から現実上の関係を決めているのかもしれない。さらにいえば，会計は，現実上の関係と想像上の関係の相互作用の結果として，重層的に決定された装置になっているかもしれない。
　一例を示せば，岡部 [2009] は，経営者が公表した会計利益がその他の利害関係者の意思決定に影響を与えて会計報告を行った経営者に経済的帰結がフィー

　1　「イデオロギーとは，人間と自らの『世界』との関係の表明であり，言いかえると，自らの実在条件にたいする，現実上の関係と想像上の関係との（重層的に決定された）統一体なのである（河野・田村・西川訳 [1994] 415頁）。」
　2　山地 [1994] (1) 頁。

ドバックされることを，ブーメラン効果と評した[3]。経営者は，ブーメラン効果を予測して利益数値を調整して不利な経済的帰結を回避し，有利な経済的帰結を導こうとする。こうした合理的行動の物語は，現実上の関係を媒体としているが，そこにはいくつもの想像上の関係が見え隠れしている。経営者は，利害関係者たちの行動を想像する，利害関係者たちの行動から受ける経済的帰結を想像する，利害関係者たちが利益調整行動を見抜けるかどうかを想像する。そこには，いくつもの予測という数値を用いた物語が存在している。それゆえ，ブーメラン効果は，現実上の関係から派生した想像上の関係が現実上の関係を決めてしまうことも意味している。

　本章は，イデオロギーが会計（学）に与えるインパクトを描写する方法を検討しようとするものである。もしLouis Althusserの見解に従うならば，イデオロギーは，身近なものとして存在し，主体という形式をつくりあげているように思われる。そして，イデオロギーは，我々が首尾一貫して行動できるような合理性を与えるべく偶然性を消し去っているのかもしれない。すなわち，「例外が規則そのものではないか」ということが消し去られているのではないだろうか。しかし，我々が例外の規則性に気づいてしまうと，イデオロギーは，たんなる透明な世界観のレベルまで落ちてしまう。

　特に，「脱歴史化」と「速すぎる歴史化」を議論することで，イデオロギーが概念作用を通じて会計に与えるインパクトを記述する。比較制度分析のように経済的利害を中心とするだけならば，会計（学）は，経済・政治・社会などの諸現象に無限後退しうる。しかし，イデオロギーは，概念の経路を断ち切ったり，概念の経路を固定してしまったりすることで，無限後退の鎖を奪ってしまう可能性がある。ゆえに，歴史的経路依存性が存在することになる。ここで重要なことは，批判会計学のように奪われることを問題にするのではなく，奪わ

3　岡部 [2009] 8頁。

れる原因に目を向けなければならないということである。

2. イデオロギーへの接近方法

　本章は，前章までの考察で得られた知見を用いてイデオロギーの捉え方とその分析方法を明らかにしたいと考えている。会計学の既存研究では，立場の違いがあったとしても，一定程度においてイデオロギーを内生的要素として取り上げてきた部分がある。本章では，まずそうした知見を統合して一定の方向性を得たいと考えている。第1章および第2章では，Eagleton［2007］の見解，特にその定義と戦略を利用して既存研究を解題してきたが，本章では自らの見解を示したい。

　では，我々は，イデオロギーをどのように捉えていけばよいのであろうか。本書では，日本の批判会計学や欧米批判会計学の考察から次のような知見を引き出した。

　第3章および第4章は，イデオロギーを批判的にも中立的にも用いてイデオロギー戦略を捉え，主体というものを中心におきつつも，そのすべてを主体や利害に還元しないことを明らかにした。津守理論のようにイデオロギーを経済的利害に還元しきれないものを探すだけではなく，会計の生み出す言説が言葉通りの意味から乖離あるいは接近していく様子を描写する必要もある。それゆえ，山地理論が示すように，会計の概念は，主体を特定の思考へと規律するものであり，自己を正当化していく言説としての効果をもつと考えるべきであろう。したがって，イデオロギーは，「主体形式そのものの生産[4]」を行うと解するべきであろう。

　しかしながら，山地理論は，非本質主義（相対主義や社会［的］構築主義）の立

　4　Eagleton［2007］p.148（大橋訳［1999］311頁）．

場を取る特徴がある。この立場によれば，会計の概念も「相対的な言語展開」でしかなく，「どの言説が支配的でどの言説が支配的でないかも予測できない」[5]。その結果として，会計の概念も「偶然性を基調とした新たな歴史的パースペクティブ」として見直すことができる[6]。拙稿は本質主義[7]を棄却すべきかどうかについて判断できないが，主体の認識レベルにおいては，様々な歪みもあって，そのものの本質を見出すことが難しいであろう。

一方，第5章および第6章は，イデオロギーが主体性をどのように構築し，社会的現実を創造かつ構築する点を明らかにした。宮上理論は，経済還元主義的な特徴を持っているのに対して，欧米批判会計学の各論者は社会的現実の創造・構築を積極的に描写する特徴があった。特に，Lehman[1992]は，会計実務や会計学が「社会的リアリティの要求」から派生または投影するものだけではなく，社会的現実を創造かつ構築することを強く意識している。また，Cooper[1995]は，会計言説の主体への影響力をどのように捉えるかという問題を取り上げた。会計言説の「閉止＝完結性(クロージャー)」は，「脱歴化」や「速すぎる歴史化」を考察する際の重要な方法として考えられるだろう。

ただし，欧米批判会計学は，大局的なコンテキストを用いることによって得られる見解や前提となる予断（特に新古典派経済学モデル）を覆すことによって得られる見解，そして言語的な表象に固執してしまう傾向がある。したがって，日本の批判会計学と異なって，具体的な現象の検討から会計の本質に直接的に迫ろうとする議論が弱い。そのため，それらの特徴に注意しながらも，あくまでも会計と呼ばれる現象の解明のために慎重に検討を進める必要があろう。

---

5 山地［2010］32頁。
6 山地［2010］32頁。
7 「本質主義的には，『会計の本質』とは，『会計といわれるもの』の特定の社会や時代（空間と時間）を超えた（帰納的に抽出された）同一普遍性の共通性を言語で説明したものをいう（徳賀［2010］10頁）。」

第7章　イデオロギーへの接近方法　133

　総じていえば，批判会計学も欧米批判会計学も，会計学にイデオロギー分析を応用しているという共通点がある。それぞれの定義や概念には異なる部分もあるけれども，第1章および第2章で指摘したようなイデオロギー戦略を会計と呼ばれるものから見出している。また，双方ともに，本質主義から非本質主義へ，経済的利害から言説効果へと関心が広がっている。そこで，我々は，批判会計学と欧米批判会計学の考察を通じて，イデオロギーを扱うときに注意しなければならない点を次のようにまとめることができる。

① 会計の概念が合理化・正当化に徹するというイデオロギー・モデルを否定し，その社会経済的背景から**重層的に決定された**産物であることに注目する。(重層決定)

② 会計の概念が**認識論的に揺らいで考えられる**ことに注目する。イデオロギーを世界観・自己表現や虚偽意識などを一律に定義するのではなく，それらが中立的にも批判的にも存在しうることを示唆する。(中立性/批判性)

③ 会計の概念が移り変わる**歴史的プロセス**に注目し，社会経済的背景から切り離されたり，逆に社会経済的背景に接合されたりする原因に注目する。(歴史性)

④ 会計の概念が**主体形式**をつくり出す機能に注目し，会計言説が生み出すイデオロギー戦略を導き出す。(主体化)

　我々は，上記の4点からイデオロギーを捉えて分析しようと取り組むわけであるが，その貢献はどのようなものになるのであろうか。本章は，その方法として歴史的叙述研究を採用するため，理論的あるいは一般的なフレームワークが欠如しがちである。そこで，イデオロギーを一定程度において法則性のあるものとして考えれば，偶発的と考えられがちである特殊歴史的な側面，すなわ

ち一般に非合理的と考えられる要素を合理的に説明できるのではないだろうか。

次では、イデオロギー作用を記述するための方法として、「脱歴史化」と「速すぎる歴史化」を検討していきたいと思う。

3.「脱歴史化」と「速すぎる歴史化」

さて、「イデオロギーをどのように捉えるのか」という視点だけでは十分ではない。どのようにイデオロギー作用を記述するかという点も考えなければならない。その方法として、本章が取り上げたいのが「脱歴史化」と「速すぎる歴史化」である。ここでは、「脱歴史化」と「速すぎる歴史化」の考え方と具体的な内容を既存の会計研究の考察に即しながら説明していきたい。

まず、伝統的な会計学批判にみられた脱歴史化について考えよう。脱歴史化とは、イデオロギーが歴史を「第二の自然」として凍結し、「歴史を自然発生的なもの、不可避のもの、したがって変更不可能なものとして提示する」ことにある[8]。初期 Marx では、「観念を、自律的な実体として把握すれば、観念を自然なものにみせかけ、観念から歴史的な要素を奪う」自然化と脱歴史化がイデオロギーの秘密であった[9]。また、イデオロギー的手続きは、「虚偽の永続化／普遍化の手続き」であり、具体的・歴史的な結びつきに依存している状態を普遍的な特徴として提示する[10]。イデオロギー批判同様に、会計学批判もこうした脱歴史化を指摘することにあった。

たとえば、宮上[1959]は、「公表会計における保守主義」を取り上げて次のように主張している。「公表会計における保守主義」は、債権者保護や一般株主保護という観点から「企業財政表示の過大を防止するために、うまれた原

8　Eagleton [2007] p.59（大橋訳 [1999] 136頁）.
9　Eagleton [2007] p.71（大橋訳 [1999] 158頁）.
10　鈴木訳 [2000] 80頁。

理」であったが[11],静態論から動態論への変化の中で保守主義の内容が一変してしまった。すなわち,伝統的な保守主義は,引当金制度にみられるように「未実現の損費を実現した損費と同一の資格において計上した」り,「企業者が企業財産（むしろ企業利益）を過小にみせかける原理として」利用されるようになった[12]。

ここからわかるように,「保守主義」は,形式的には債権者保護や一般株主保護という観点からの財産計算原理であったが,実質的には企業者の観点からの「配当と税の軽減」を合理化するものに一変してしまう。宮上[1959]は,「保守主義」の脱歴史化傾向,つまり伝統的な保守主義の原理を利用しながら「配当と税の軽減」を合理化するという二枚舌を批判している。

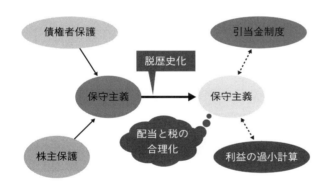

図表1　脱歴史化と宮上[1959]

しかしながら,Žižek（鈴木訳[2000]）は,脱歴史化だけでは捉えきれないイデオロギー手続きがあると指摘する。

11　宮上[1959]7頁。
12　宮上[1959]6-7頁。

「ラカンの見方によると、もっとも『狡猾な』なイデオロギー的手続きは、永遠化などではなく、むしろその反対物、すなわち速すぎる歴史化である。…中略…もし速すぎる普遍化が、その歴史的かつ社会-象徴的決定からわれわれの目をそらすための似非普遍的イメージを生み出すとしたら、速すぎる歴史化はわれわれをさまざまな歴史化／象徴化を通じてつねに同じものとして回帰する現実の核にたいして盲目するのである[13]。」

速すぎる歴史化とは、現在の行動が常に回帰しようとする現実があるにもかかわらず、歴史化や象徴化によって他の現象と連環させることである。この結果、伝統的なイデオロギー批判では対応できない状態におちいる。すなわち、歴史を奪うのではなく、歴史を与えることで、イデオロギー手続きが行われるのである。では、具体的な会計問題としては、どのように扱えるであろうか？

たとえば、先の宮上［1959］の例で示すならば、保守主義を企業者の「配当と税の軽減」に結びつけることで見えにくくなっている現実があるということである。山地・鈴木・梶原・松本［1994］が指摘するように、引当金制度は、日本的経営と結びついて逼迫する資金需要に対応して、企業の資本蓄積に貢献した点がある[14]。前者は概念が経済的利害を合理化するものに過ぎないと考えるのに対して、後者は概念が文化や精神的価値を部分的に認める。この違いからわかるように、宮上［1959］は、徹底的な経済還元主義をとることで、当時の文化や精神的価値を著しく低く見積もっていることを見えにくくしている。

また、山地［2010］は、会計史を近代化言説として捉えた場合、次のような限界があるのではないかと指摘している。

「会計史では通常『近代化』の一環として会計技術史の展開を捉えようとする

13　鈴木訳［2000］81頁。
14　山地・鈴木・梶原・松本［1994］30-36頁。

図表2　速すぎる歴史化と宮上[1959]

が，技術を採用する組織や個人の意思決定環境は，常に，『近代化』や『合理化』『民主化』で捉えられるものではない。構築主義的に考えれば知識は特殊歴史的であり，技術が選択された当時の状況をつぶさにみる必要がある。したがって残存している『会計史料』も，近代的合理性の観点から選択された技術の痕跡が残っているとは限らず，むしろ，当時の利害関係者の意思決定に影響を与えるべく作成されたものが残っているのかもしれない[15]。」

　ここでは脱歴史化と速すぎる歴史化が同時に指摘されている。すなわち，ひとつは，当時の状況が忘れ去られていることであり，もうひとつは「近代化」「合理化」「民主化」などと繋げられてしまうことである。したがって，確固たる会計史料であったとしても，そのイデオロギー性から逃れられるわけではない。さらに，山地[2012]では，経済学と生物学の合理性を取り上げて，それらに潜むイデオロギー性のメカニズムを次のように指摘している。

15　山地[2010] 26頁。

「経済学でこれまで前提とされてきた合理性 (rationality) 概念はコンストラクティビスト合理性であったとされる。それは我々の言う予定調和的・人工的な，あえて言えば未来を創って現在の行動（選択）を正当化する合理性であった。それに対して生態的・生物学的合理性とは我々が言う適応・調整過程に長けている，あえて言えば過去を創って現在の行動（選択）を正当化する合理性である。両合理性が求める均衡点は必ずしも一致しないとされる。したがって，このような観点から歴史を見るときには，コンストラクティビスト合理性以外の選択肢が働いて，歴史が規定され，以後の流れが形成されることを示す必要がある[16]。」

　山地［2012］は，どちらも現在の行動を時間的な操作を使って正当化することを指摘したものである。イデオロギーは，概念を時間や空間や社会構造を超えて自然なものとして正当化するだろう（脱歴史化）。また，概念を時間や空間や社会構造に結びつけて自然なものとして正当化するだろう（速すぎる歴史化）。いずれにしろ，「過去を創る」「将来を創る」という概念操作は，脱歴史化や速すぎる歴史化を生み出す源泉になるであろう。こうした時間的な操作を繰り返していると，歴史化は空間的な広がりとしてあらわれてくる。

　たとえば，現在を基準として，たとえば単純な例として以下のようなモデルを考えよう。まず，「P」という過去が現在と結びつけられなくなっている。その結果，現在の選択は「P」という時間と空間と社会構造を超えて存在することが可能になる。一方で，将来の「F」という将来の可能性が現在と結びつけられなくなっている。その結果，現在は，「F」という時間と空間と社会構造を想定できなくなる。こうした前提を密かに消去することが以上の考察から明らかであろう。

　最終的に，過去「P」と将来「F」が現在と連環しないような概念操作が行わ

16　山地［2012］15-16頁。

れており，イデオロギー的境界が現在の行動（選択）との間には作られている。こうなると，現在の行動（選択）は，イデオロギー的境界に阻まれて，その外部がない状態に持ち込まれている。たんに，歴史化という概念操作は，過去「P」と将来「F」に連環しないだけでなく，無限後退の輪を断ち切る予断を作り出すようにも応用できる。その作用は，時間的なつながりのようにみえて，空間的な広がりをもつことになるだろう。

したがって，歴史化という概念操作は，過去と将来を同時に消すだけでなく，無限後退の輪を断ち切る予断を作り出すことができる。我々は，過去の関係性と将来の関係性を操作することで現在の行動（選択）を合理化しうるイデオロギーを形成できる。ここで注意すべきことは，会計（学）が論理的構築物に過ぎないという可能性も慎重に検討しつつ，イデオロギーを過大評価しすぎないことであろう。

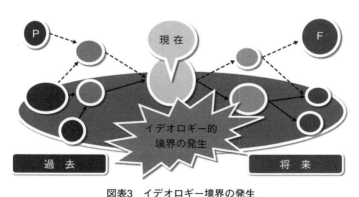

図表3　イデオロギー境界の発生

4. お わ り に

本章は，イデオロギーの次のような側面について検討してきた。すなわち，

イデオロギーは，我々が考える外部を消していくことで言葉に含まれる意味を規定し，同時にその言葉に本来含まれるべき意味を消してしまう。ここに，偶然性を基調とした歴史的パースペクティブを構築することが可能になる。すなわち，脱歴史化や速すぎる歴史化は，主体形式が生産可能なように「偶然性」を消去してしまう。ゆえに，歴史は，時間的なつながりだけでなく，必然性の高い空間的な広がりをもっている。このような展望に立つとき，偶然性は，我々の考察にとって大きな意味をもつことになる。

　本章がイデオロギー性を分析するために取り上げた「脱歴史化」と「速すぎる歴史化」は，なにも目新しい概念ではない。「脱歴史化」は，伝統的に批判会計学・会計史研究などで捉えられてきた概念操作であり，「速すぎる歴史化」は，欧米批判会計学や制度主義に基づく会計研究にみられる傾向がある。「歴史を奪う」という現象は，なにも過去を消去するだけではなくて，ある過去をなんらかの方法で連環させることでも生じる。特に，情報が多くなればなるほど，過去を消去するよりもなにかと無理矢理つなげることで，その他の可能性を消すほうが効率的かもしれない。

　今後は，過去の知見を統合しつつ，会計領域におけるイデオロギー性のあるものについて包括的に検討する必要がある。ここで注意すべきことは，歴史が奪われていることが問題ではなく，奪われている原因こそに注意を振り向けなければならないということである。イデオロギー分析は，魔術的あるいは神話的要素を非難することが目的ではなく，それを解明するために役立てるものである。我々は，予断が絶えず含まれている世界で生きているのだから，中立的な概念でしかなかったものが批判的な概念に変わり，逆に批判的な概念であったものが中立的な概念に変わるプロセスをみる必要があるだろう。

第8章　既存研究における偶然性

1. は　じ　め　に

　前章では，「脱歴史化」と「速すぎる歴史化」が「偶然性」を発見するための基軸になる仮説を提示した。本章では，そのような「偶然性」の発見が既存研究においてどのように見出されていたかを整理していきたいと思う。それは同時に，既存研究が偶然性の原因をどのように解釈してきたかということであると同時に，我々の研究との距離感を示すだろう。

　考察に際しては，次の3つの研究を利用したいと考えている。一つ目は，Weber＝大塚史学である。たとえば，山地[1994; 2010]は，「会計が近代的な情報公開制度として現出する過程をウェーバー＝大塚史学を念頭に置きながら分析[1]」しているが，その際に偶然性の源泉とされているのはいかなるものであろうか。こうした疑問は，山地[1994; 2010]を直接的に検討するだけではわからない。そこで，Weber＝大塚史学と，それを引き継ぐNorth[1981; 1990]の観点を俯瞰して初めてわかる部分がある。

　二つ目は，会計史研究である。会計史研究は，Weber＝大塚史学や批判会計

1　山地[2010] 647頁。

学の影響も受けているが，やはり偶然性の原因を独自に捉えており，我々の研究に対しても一つの示唆を与えてくれるであろう。最後に，三つ目の制度主義研究は，現代の会計問題を解明していく中で，回帰性のある社会的現実に隠された偶然性を発見している。この立場は，我々の立場に大変近いものであると考えられる。

以下では，それぞれを「理念の偶然性」「歴史意識の偶然性」「相互作用の偶然性」で編成し，経路依存性の源泉となる偶然性について検討していきたい。なお，「理念の偶然性」は全体の概論を提供しており，「歴史意識の偶然性」「相互作用の偶然性」が各論を提供することになろう。

2. 理念の偶然性 ―Weber＝大塚史学―

North [1981; 1990] は，「制度変化の理論」を体系化し，「さまざまな経済社会間の経済発展や成長に違いがみられるのか[2]」という問題を解く鍵として経路依存を活用した。「制度変化の理論」とは，制度変化を「相対価格の変化」と「アイデアやイデオロギーの変化」という観点から考察し，さらに制度変化の経路（全体的な制度変化の流れ）を「収穫逓増」と「不完全な市場」という観点から考察するものであった。すなわち，制度変化が局所的な分析であるのに対して，制度変化の経路は，各経済の比較を含めた長期的な分析であった。経路依存は，後者の分析の際に制度発展パターンから経済社会間の経済発展や成長に違いを説明するものとして利用される。

中村 [2004] では，上記のようなNorthの議論をきっかけに，会計における経路依存性を各国の研究開発費会計とソフトウェア会計を中心に検討した。その際に，イデオロギー的インセンティブが各国の会計基準に与える影響を経路依

2　赤澤・関谷・太田・高橋 [1998] 149頁。

第 8 章　既存研究における偶然性　143

存と理解し，歴史が会計に対して意外な影響を与える仕組みを検討した[3]。しかしながら，中村［2004］は，イデオロギーの内生化をおこなわなかったために，歴史にみられる意外な影響（偶然性）をうまく記述できなかった。その問題点を克服するために，本書は，日欧米の批判会計学の議論を通じて，イデオロギーの解釈する方法を定めた。

　本来は中村［2004］の再解釈を行うべきであろうと思われるが，それと同時に先行研究を体系的に取り上げる必要もあるだろう。特に，問題意識が似ていると思われる会計史研究と制度主義研究を検討する必要があるが，その多くに影響を与えている Weber = 大塚史学の検討が必要であろう。なお，Weber が『宗教社会学論集』で明らかにした問題意識[4]は，North の『西欧世界の勃興』に引き継がれており，この中にはイデオロギーに関する考え方も含まれている[5]。

　大塚［1966］は，『宗教社会学論集』の「序論」「世界宗教の経済倫理・序説」「世界宗教の経済倫理・中間考察」を「ヴェーバーの歴史観の表明」と述べ，次のような見解を記憶に止めるべきと指摘する[6]。

　「人間の行為を直接に支配するものは，理念ではなく利害である。しかし理念によって作られた『世界像』は，きわめてしばしば転轍手―機関車の進行方向を変えるあの転轍手です―として軌道を決定し，そしてその［理念が決定した］軌道に

3　中村［2004］214頁。
4　「いったい，どのような諸事情の連鎖が存在したために，他ならぬ西洋という地盤において，またそこにおいてのみ，普遍的な意義と妥当性をもつような発展傾向をとる文化的諸現象―少なくともわれわれはそう考えたがるのだが―が姿を現わすことになったのか（大塚・生松［1972］）5頁」
5　North［1981］は，経済史の分析において，イデオロギー理論が不可欠であると述べ，積極的に活用しようとした。「マルクス主義の枠組みは，長期変化についての既存の諸説の中ではもっとも強力であるが，それはまさに，新古典派の枠組みから除外された要素すべてを包含しているからである。すなわち，制度，財産権，国家，イデオロギーである（North［1981］（中島訳［1988］85頁）。
6　大塚［1966］82頁。

沿って利害のダイナミックスが人間の行為を押し動かしてきた。つまり，人間諸個人の行為を，したがって歴史の動きを押しすすめいくものは，他ならぬ彼らのおかれている利害状況，なかんずく経済的利害状況だ。それにもかかわらず，その過程で，とりわけ宗教的理念は，推進の方向を決定するという形で作用するというわけです。このばあい『宗教』理念といってわかりにくければ，『思想』と言いかえてくださっても結構です[7]。」

こうした議論は，Northの「制度変化の理論」と通じるものがある。すなわち，Weberの歴史観は，Northのいう「相対価格の変化」と「アイデアやイデオロギーの変化」へと姿を変えて現れたといえる。大ざっぱに言えば，歴史における偶然性が生み出した経路は，思想の変化によって引き起こされてきたのではないかという見解で一致する。

ただし，Northと大塚の考え方には近代化に対する大きな隔たりがある。すなわち，大塚史学が「合理的な，近代化がいわば最終目標になってそこから出発して糸をたぐっていく」のに対して，Northは「近代化も歴史の一つの変化にすぎないのであって，その前にいくつもの変化がある」と捉えられている[8]。したがって，経路依存という考え方にも，モダニズムとポストモダニズムの違いで表れてくる。本書は，Northの考え方に近いであろう。

それはさておき，Northと大塚の考え方は，「正当化」という議論において一致をしている。Northが述べたように，「いわゆる神話とか，タブーとか，宗教，こうしたものは人間が日常観察するところの知識からでは説明できないという現象を正当化しようとする役割を，いつも果たすんではないかというふうに考えるわけです[9]。」したがって，Weber＝大塚史学がいう『理念によって作

---

7 大塚[1966] 82-83頁，大塚[1972] 58頁。
8 速水・穐本訳[1994] 248頁。
9 速水・穐本訳[1994] 250-251頁。

られた世界像』は，主体が理解不可能な現象を正当化することで，制度変化を引き起こすことができるのではないだろうか。

　以上の議論，すなわち「理念と利害の相互作用」と「神話による正当化」による歴史分析は，すでに簿記会計の議論においても行われている。たとえば，Weber は，次のような観点から複式簿記を「資本計算の最高度の形式的合理性」と呼んだが，その合理的計算は，同時に「人間の人間にたいする闘争」を内在していると述べている。

　「すべての合理的貨幣計算，したがってとくにすべての資本計算は，市場の営利によって価格機会に指向しており，そしてその価格は，利害の闘争［価格闘争と競争的闘争］および利害の妥協をつうじて市場において形成される。このことは，収益性の計算の場合，ことに具体的には，技術的に［従来］最高度に発達した簿記の形態［いわゆる「複式」簿記］において，とくに次の点できわだっている。すなわち，複式簿記の基礎になっている考え方によると，企業の個別部門相互間，あるいは独立採算の部署相互間で，あたかもじっさいに取引がおこなわれたかのようなフィクションが会計制度をつくり出されるのであり，そしてこのやり方によって，個別の方策の収益性を技術的に完全に統制することが可能になるのである。それゆえ，資本計算はその最も形式的に合理的な形態においては，人間の人間にたいする闘争を前提にしている[10]。」

　Weber の議論に対して，青山［1950］や千葉［1980］は，次のような解釈を付け加えている。青山［1950］は，この点を「近代資本主義経済では，資本家が打算そのものと化し，経営の能率を高めるためには人間性すら捨てて顧みなくなる」と解釈している[11]。また，千葉［1980］も，複式簿記による合理化が本来的

10　富永訳［1975］340頁。
11　青山［1950］134頁。

に非合理性を含んでいることを認める[12]。

こうした議論の根幹をなすのは，Weberの合理化論のなかにみられる近代化批判であろう。それは，Marxの物象化と通じるところがある。すなわち，資本計算の形をとる複式簿記がWeberの「世界の呪術からの解放」とMarxの「商品形態による呪術化」を同時に果たしている[13]。したがって，この二律背反は，本章でいうイデオロギーが果たす役割を大きな物語の中で示唆したものといえるであろう。

特に，千葉［1980］は，「会計の本質を，特殊な表現技法（複式簿記機構）を媒介として対象化された意識そのもの（またはその累積）であると規定した上で，それが現実に機能していく過程をM.ウェーバーのいう『合理化』の過程としておおまかに捉えている[14]。」そのうえで，千葉［1980］は，〈複式簿記機構〉による資本計算の合理化が主体に対して徐々に拘束性をもつようになったことを観察者の立場から示そうと考える。その結果，Weberが指摘する複式簿記の合理化は，複式簿記の勘定組織内部にも存在すると同時に，その二律背反も持ち込まれるということになる。

「近代複式簿記の構造がすぐれた合理性（形式合理性）を体現しているというのは，このようなT型勘定形式を内包しているからというよりも，後に検討するように〈実在勘定〉と〈名目勘定〉との統合による，複合的・階層的な分類構造を内包しているからであると考える。ただ通常は，時点的な総括の際，もちいられる勘定（例えば要約勘定や集合勘定）も，個々のTransactorを記録する勘定も，また資本・利益勘定も，一応同じ型式をもち，そこでの数量的金額も，単なるひとつの金

12　千葉［1980］41頁。千葉は，この部分を「経済のロゴスを複式簿記の中に認め，そのロゴスの合理化という問題に入ってきている」と評価するとともに，複式簿記の特殊的な側面を述べるには不十分であると指摘する。
13　Turner［2007］60頁。
14　千葉［1980］5頁。

額であると考えられているために，表現の構造では階層関係や順序関係が余り自覚されず，同次元的に扱われるということなのである。…中略… ところで，このような合理化の過程はより批判的に検討していくならば，やがて勘定型式や分類体系自体の実体化，更にはその一人歩きという，所謂「物象化」の過程として捉えていくことも出来よう[15]。」

すなわち，複式簿記は，人名勘定から物財勘定・名目勘定へと発展していくという過程において，「人と人の貸借関係の対象化」から「『企業資本』の運動の表現」するものとして変遷していく[16]。それは，Weberのいう合理化過程といえると同時に，「家計とは分離された非人格的な計算の場が客観化されるに至り，そこでは，あたかも計算が誰に奉仕するというわけでもなく，計算自体が存在するかのような秩序が形成」されてくるといえる[17]。それは，まさしく「脱歴史化」といえるであろう。複式簿記は，その歴史過程において，勘定が誕生した時間・空間・社会構造を離れて一人歩きをしていったということであろう。

こうした物語に含まれているのは，合理的な簿記が「人と人の関係」を支配していくという非合理な説話である。Weber＝大塚史学は，津守理論と同様に，概念をできるだけ利害に還元した上で，それでも残る理念を概念基礎とする一種の背理法をとることを示す。したがって，Weber＝大塚史学は，「理念が決定した軌道」を探り当てる方法として，会計学に直接的・間接的に影響を与えている。

以上をまとめれば，人の意識を離れ，共振化した理念が偶然性の源泉になっ

---

15 千葉［1980］42-43頁。
16 千葉［1980］153頁。千葉［1999］5-17頁。また，全［2015］は，人的勘定学説から物的勘定学説の変化を，後世の科学観（近代のエピステーメー）からする前世の科学観（ルネッサンス期および古典主義時代のエピステーメー）批判に過ぎないと述べている（190頁）。
17 千葉［1980］89頁。

ているという理解である。そして，千葉［1980］が示すように，会計と呼ばれる現象の生み出す言説（特殊な表現技法）が言葉通りの意味から乖離あるいは接近していく様子を描写する方法もある。本章は，この点も補足していくことが必要であろう。次節では，会計史研究を通じて偶然性の源泉についてさらに迫っていくことにしたい。

3. 歴史意識の偶然性　―会計史研究―

　会計史と一言にいっても，様々な方法論と理論的基礎を持っているであろう。日本では，近代会計学と批判会計学と同じく，近代会計史と批判会計史というべきものであったかもしれない。しかし，そのアプローチの分類を一概に片づけることはできないであろうし，本章の目的に照らせば，厳密に分類することに意味はない。したがって，そのアプローチの分類は，たとえば平林［2005, 2007］や清水［2005］などにゆだねられるべきであろう。

　ここでの目的は，「脱歴史化」および「速すぎる歴史化」に関連した会計史研究を見出すことにある。会計史の方法を俯瞰するとき，清水［2005］があきらかにするように，伝統的会計史とそれに対する批判の中で明らかにされる側面がある。この際，「脱歴史化」，そして「速すぎる歴史化」は，一定の役割を演じていたのではないかと考えられる。

　たとえば，Sombartは，複式簿記を資本主義の成立に不可分のものと位置づけるのに対して，Yameyの研究が当時の史料からみて複式簿記の管理計算的機能のみ評価されるべきと位置づける[18]。すなわち，Sombartが複式簿記の資本主義への寄与を「脱歴史化」させた点を，史料実証的立場をとる会計史が批判したといえるであろう。さらに，WinjumはYameyと同じアプローチに寄り

18　中野［1992］353-361頁。

ながらも複式簿記の歴史的意義を相対的に肯定的に評価する形で[19]「脱歴史化」のあり方を微妙に変えようとする。このような脱歴史化をめぐるあり方が会計史の根底にあると思われる。

ただし，Sombart命題は，「速すぎる歴史化」という観点から見れば，過去を精密に理解するために存在するものでなく，彼ら以降における複式簿記の資本主義への貢献や啓蒙を称えたものとして考えることもできる。すなわち，Sombart命題を，過去を創って現在を合理化・正当化するものとして考えるのである。そうであるならば，Sombart命題は，過去を正しく描写するものとして評価すべきものでなく，将来に対する複式簿記の啓蒙に与えた影響として評価し，批判されなければならないだろう。

このように，会計史は，歴史を叙述する際に，なんらかの社会経済的背景を用いて「脱歴史化」しようとする概念を初期条件に戻そうとする。こうした方法は，批判会計学とよく似ており，解釈の仕方が異なるだけかもしれない。これを示すかのように，平林［2007］は，会計史研究が社会的経済的背景の源泉を探求しようとする点を次のように記述する。

「われわれの会計史の研究の際，またはその叙述をする際，よく社会的経済的背景の推移を十分に洞察することが大切であるといわれます。これはいってみればマルクス主義歴史学の影響を受けていることになるのではないかと思います[20]。」

したがって，会計史研究は，社会経済的背景を洞察するという行為を通じて，ある概念が時間と空間と社会構造を超えて存在し続けようとする点を肯定的あるいは否定的に解釈する行為が内在している。これは，会計史研究が本質主義を採用し，会計の概念の脱歴史化を検討しようとしていることを示してい

19　中野［1992］361-367頁。
20　平林［2007］63頁。

る。それゆえ，平林編著[2005]は，会計史の意義を次のように述べている。

「会計史研究は，簡単にいってしまえば，現在とかかわらせて過去を知るためにその意義があり価値を持つといえる。しかし，その中身には，事物の本源的形態を知り，現在もそれが根底に存在するとして理論展開する面と，一方，その根源的形態においては現在本質的であり核心であると考えられていない，まったく異なる異質的なものを発見して，逆に現在の本質論に再検討を促迫して，新たな理論形成に進む出立点の契機となる面との，二面性があることを認識する必要があると筆者は考える[21]。」

上記の見解からもわかるように，会計史研究では，Carr（清水[1961]）の「歴史とは歴史家と事実との間の相互作用の不断の過程であり，現在と過去との間の尽きることを知らぬ対話なのであります[22]」という見解が採用されている。そのうえで，批判会計学と同様に，会計史研究も本質論を展開しようとするものである。ただし，会計史研究は，批判会計学がMarx主義的方法論を重視するのに対して，「史料をどう認識・解釈・判断して史実であるとするか[23]」という部分を重視する。

ただし，史料を認識・解釈・判断する前提となる歴史意識は，普遍化や自然化などのイデオロギー戦略を免れるものではない。なぜならば，歴史研究は，歴史意識を用いて抽象化をおこない，そのもとで時間を越えて分析することが

21　平林編著[2005]13頁。
22　清水訳[1962]40頁。なお，後述する浜林・紫田訳[2004]は次のように歴史を述べている。「過去を風景と捉えるならば，歴史とは過去を描写することであり，その描写するという行為こそが，私たちが直接的には体験することができないことを，あたかも本当のことであるように経験できるよう，いつもの場所から高みへと連れて行ってくれるのである。そこからより広い視界が広がる（浜林・紫田訳[2004]8頁）」と述べている。
23　平林編著[2005]6頁。

可能にしているからである．たとえば，複式簿記や保守主義や原価主義や時価主義という概念は，現在の定義を制約条件としているかもしれないし，過去の定義あるいは状況を条件として史実を明らかにしようとするものかもしれない．すなわち，会計史研究は，「歴史化」を用いて，「脱歴史化」を指摘するという矛盾をはらんでいる．

しかしながら，歴史研究の特徴は，歴史化をできるだけコントロールしようとする姿勢である．これは，会計史家の歴史意識というべきものであろう[24]．そして，この歴史意識こそが自己を認識する方法であり，私たちを作り上げようとする言説ではないかと考えることができる．特に，千葉［1998］は，会計学における歴史的方法を次のように述べている[25]．

「いうまでもなく，会計学における歴史的方法とは，単に，過去の姿がいかなるものであったかを知るための方法でもなければ，会計の歴史が，いかなる必然性をもってどうならざるをえないかの法則性を抽出するための方法を意味するわけではない．おそらく歴史的方法とは，私たちが関わりその中で生きている現状での会

---

[24] 浜林・紫田訳［2004］は，次のように歴史意識を述べている．「もし人間関係の成熟を自分の無意味さを通して自己同一性に到達すると考えるならば，歴史意識とは，その成熟過程を時間を通して写し出すことと定義できよう（浜林・紫田訳［2004］9頁）」ゆえに，「歴史意識はそれゆえ，成熟すること自体がそうであるように，自分自身には意味があるという感覚と意味がないという感覚を，同時に残してくれる（浜林・紫田訳［2004］12頁）．」Carr（清水訳［1962］）も同様に次のように述べている．「C・P・スコットのモットーにも拘らず，現代ジャーナリストなら誰でも知っている通り，興論を動かす最も効果的な方法は，都合のよい事実を選択し配列することにあるのです．事実はみずから語る，という言い慣わしがあります．もちろん，それは嘘です．事実というのは，歴史家が事実に呼びかけた時だけに語るものなのです．いかなる事実に，また，いかなる順序，いかなる文脈で発言を許すかを決めるのは歴史家なのです（清水訳［1962］8頁）．」

[25] この見解は中野・清水編著［2014］によって発展されていると思われる．「会計史は，『会計』という人間の営む行為そのもののアイデンティティを時間軸に沿って再確認することであり，そのことによって，現在（と未来）の問題を考察するための視点を提供するものと考えられる．」（中野・清水編著［2014］序文）

計制度の形成過程とその社会的・歴史的意味を省察してみようとする自己認識（self-knowledge）の方法なのである[26]。」

したがって，会計史とは，私たちの前提となる予断を歴史意識として明示したうえで，会計と呼ばれる現象の形成過程とその社会的・歴史的意味を与えようとすることであろう。それは，会計史がある意味において自らを主体化する言説になりえることを意味する。すなわち，会計史とは，会計史家による「脱歴史化」を通じて自己同一性を創出しようとする言説である。しかしながら，会計史の自己認識がイデオロギー的であるかどうよりも，原則に縛られすぎていないか，それとも柔軟であるか，多くの主観を加算できるかどうかで判断すべきであろう[27]。

たとえば，千葉［1994］は，近代初期の日本外部会計制度におけるBritish Connectionを指摘する中で，国家主導型の先行会社の形成と主要機関産業の保護政策という歴史的構造を指摘する[28]。当該構造は，「納税や国家（軍部）への必要物資の納品による『国家』への貢献という思想」と連動して，戦時統制経済における「『上への』会計報告」を形成する基盤となり[29]，「家父長的・家族主義的・集団主義的支配の構造」が日本の外部会計制度の近代化に与えた影響とみることができる[30]。したがって，千葉［1994］は，我々の自己認識が歴史過程の中で会計制度の変化に影響を与えていることを歴史から示唆している。

以上の考察は，歴史家が過去を認識しようとする意識（歴史意識）から偶然性

26 　千葉［1998］1頁。
27 　この前提には間主観性が個別に加算したものでなく，それらを加算可能にするフレームワークであるという考え方が有用であろう。「間主観性とは，個々の主観性を加算したものではなく，そのような加算を可能にするフレームワークそのもののことである。主観はいわばそのつどすでに間主観性なのである。（内田［2011］179頁）」
28 　千葉［1994］54-58頁。
29 　千葉［1994］58頁。
30 　千葉［1994］63-64頁。

第8章 既存研究における偶然性　153

をサルベージしてきたことを示している。これは，会計史研究が「脱歴史化」という傾向に対して敏感に反応することを示している。また，Gaddisが「初期条件に敏感に依存することは…中略…物語をいっそう精巧な研究手段としてあらためて認識すべきだ[31]」と述べるように，「旧式の歴史叙述」が偶然性の源泉となる初期条件を明確にするうえで優れている方法にもなる。

　しかしながら，会計史研究は，「速すぎる歴史化」に対してはいかがであったであろうか。とくに，誤認が真理を生み出すというような観点はいかがであろうか？　千葉［1998］の歴史的方法は，そういった観点も含めるような形をとっているが，Žižek（鈴木訳［2000］）によってさらに進めることができよう。

　「過去は，シフィニアンの共時的な網の中に取り込まれ，その中に入っていったときに，はじめて存在する。つまり，歴史的過去の織物＝構造の中で象徴化されたときに存在する。だからこそ，われわれはつねに『過去を書き換えて』いるのである。つまり，一つ一つの要素を新しい織物＝構造の中に取り込むことによって，それらの要素一つ一つに，それぞれの象徴的重みを遡及的にあたえているのである[32]。」

　「これこそが，われわれが論じている根本的なパラドックスである。主体は過去のある場面に直面する。彼はその場面を変えたい。その場面に干渉し，それに手を加えたい。そこで彼は過去へと旅し，その場面に干渉する。彼には『何も変えられない』などということはない。正反対だ。彼の干渉によってはじめてその過去の場面は，それがつねにそうだったものになるのだ。彼が干渉することは最初から含まれているのだ。主体の当初の『幻想』とは，たんに，その場面に自分自身の行動を含めるのを忘れていたということだ。すなわち，『それは計算する。それは計算される。計算にはすでに計算する者が含まれている』ということを見落としていたの

31　浜林・紫田訳［2004］106頁。
32　鈴木訳［2000］90頁。

だ。ここから，真理が文字通り誤認から生まれる，という，そんな真理と誤認／誤解との関係が導き出される[33]。」

ここに明らかにされているのは，イデオロギーがたんなる幻想ではなく過去さえも変えて誤認から真理を生み出してしまう可能性が描かれている。すなわち，「過去と現在との対話」によって生まれた誤認が現実を変えてしまうということがありうるのである。それは，積極的に過去へと干渉することで生まれる因果律であり，そうした因果律が同じことが起こる原因を隠してしまっているのかもしれない。したがって，我々が会計史を顧みることで生まれる誤認が現実世界の変化を生み出していることを忘れてはならない。

4. 相互作用の偶然性 －制度主義研究－

　制度主義を考えるためには，社会学および経済学さらに会計学という広範囲の学際的見解を考察しなければならない。しかしながら，本章の目的は，それらを厳密に定義して会計研究の展望を述べることではない。我々の目的は，会計学におけるイデオロギーの作用を取り上げた研究と我々の研究の距離を叙述することである。我々は，その出発点としてNorthの諸説を取り上げ，その前後左右に存在する研究を配置していくことで自らの位置を示すことが目的といえよう。

　新制度派経済学のNorth［1981］は，フリーライダーという問題を克服する方法からイデオロギーを取り上げるに至った。集合行為論の含意にもかかわらず，経済史的の変化においては，時として大集団が形成されており，歴史の多くを変革してきた。特に，North［1981］は，経済的誘因にもかかわらず，その

33　鈴木訳［2000］91頁。

ような方向に動かないのは，イデオロギーが介在しているからではないかということであった。したがって，Weber＝大塚史学同様に，イデオロギーは，それぞれの歴史において重要な要素として我々を変革していくことがあるのではないだろうか

　そこで，会計学においても，同様に利害と理念，主体と構造の相互作用について考える必要があるといえよう。そこでは，欧米批判会計学のように，社会的現実を構築するという面を肯定的に捉える必要がある。実際，澤邉［1998］が述べるように，「制度化パースペクティブでは会計そのものが社会的現実を構成していくというビジョンを強く意識する」と述べている[34]。それは，巧妙に主体から偶然性を隠し，回帰性のある社会的現実の中に，取り込まれている様子でもある。このように考えるならば，会計においても，制度主義に基づく経路依存性といわれる現象はみられうるだろう。

　そこで，会計学における制度主義の議論を確認する必要性が生じる。ここではまず澤邉［1998］に従うこととしたい。澤邉［1998］は，山地［1994］と同様に批判会計学の考察を行いつつ，制度化パースペクティブについて考察している。また，澤邉［1998］は，批判会計学と欧米批判会計学の議論を受けて考えるには最適であろう。まず，澤邉［1998］は，次のように制度を捉えようとしている。

　「制度化パースペクティブのいう制度の特徴は，それが人々の欲求を満足させたり調整したりする制約条件であるだけでなく，人々のおかれているその状況にお

34　澤邉［1998］20頁。「会計が制度化されているということは，会計によって生み出された利益を代表とする財務数値が社会的現実としての正当性を持つということである。会計は競争力や経済性に関する社会的現実を構成することによって企業（や企業内部門）の社会的地位それ自体を創出し，そういう地位に企業を配置する社会制度である。批判会計学との違いはここにある。つまり，批判会計学は会計の外部（下部構造）に究極の原因を求めているのだが，制度化パースペクティブでは会計そのものが社会的現実を構成していくというビジョンを強く意識するようになる。」

156　第4部　会計学と偶然性

いて何が欲求にふさわしい目的なのかを同時に指示しているということである。制度とは，特定の社会状況において人々が従うべき目的―手段関係を指示する合理的神話としてとらえられているのである。制度が強固で揺らがないものであればあるほど，自由な意志によって制度に従わないような選択を行うことは困難となるし，制度が自明視された現実となっていた場合においては，制度に従わないような選択肢の存在を認識することさえなくなる[35]。」

では，制度主義における経路依存といえる現象はどのようなものであろうか。それは，「脱歴史化」あるいは「速すぎる歴史化」にあたる現象とも言い換えられる。澤邉［1998］は，その冒頭において，会計が特定の社会状況において適切な行為を規定し行動を可能ならしめている制度として認める一方で，次のような傾向があることを示唆している。

「会計が一般的認識を可能にするという場合の「一般的」の意味するところは，会計により可視性を与えられた現実が，その現実が生成した特殊限定的な社会状況を離れ，時間的あるいは空間的な距離を超えてコミュニケーションを成立せしめるということである。会計情報はひとりあるきする[36]。」

これは，本書のいう「脱歴史化」を示唆している。従来の議論であれば，会計理論が「その言説のとおりに実務化されるわけではない」と指摘した宮上理論と通じるものがある[37]。ただし，澤邉［1998］は，「制度化パースペクティブは，制度を効率性によって説明しようとしたり下部構造に還元してしまう伝統的アプローチとは異な」ると指摘する[38]。したがって，澤邉［1998］は，時間・

35　澤邉［1998］2-3頁。
36　澤邉［1998］1頁。
37　宮上［1979］18頁。

空間・社会構造を超えて議論を成立させることができるという「脱歴史化」を合理的神話として捉えようとしている。

続いて，澤邉［1998］は，その結章において，意識的行為の難しさを示すために，次のように社会的現実と制度の関係を説明している。

「社会的現実は，制度と制度に規定されるルーティンによって再生産される。制度は，行為に意味を付与しているため，安定した制度によって生み出される社会的現実は，行為主体とって理解可能な社会的秩序となる。秩序が維持されることで，ひとびとは社会とその社会のなかにおける自らの存在の意味を理解することができる。安定し繁栄した社会であればあるほど，いま眼前にある社会的現実以外の現実を想像することは難しい[39]。」

これは，本書のいう「速すぎる歴史化」を示唆している。従来の議論であれば，会計学説が「社会事象に対するイデオロギー的解釈を可能にし，ある特定の責任を特定の主体に負わしめる思考を作るとともに，他の解釈・可能性を消去する言説である[40]」と指摘した山地理論と通じるものがある。特に，澤邉［1998］は，具体的な会計問題として，金融自由化過程における会計の役割について考察した際に次のように述べている。

「金融の世界に会計の姿が表れるのは，バブルが崩壊してからのことである。金融自由化後の経済社会において，会計専門家が重要な役割を担うことは否定できない事実として今日認識されるようになっている。これはいかに確立された制度であるかを示している。制度として確立されているがゆえに，会計は，会計以外の

38　澤邉［1998］7頁。
39　澤邉［1998］194頁。
40　山地［2003］63-64頁。

158　第4部　会計学と偶然性

可能性を不可視化し，機能的に会計を代替し得る制度を想像不可能にしている。その結果，会計の失敗は，会計制度の地位を脅かすかわりに，会計が利用しうる資源を増大させる方向に働き，その影響力を増大させている[41]。」

　澤邉［1998］の議論からわかるように，会計は，時間・空間・社会構造を超えて議論を成立させることができると同時に，主体から他の選択肢を消しているということができよう。したがって，澤邉［1998］は，「意識的行為の遂行は容易でない。社会的現実の虚構性を見破り，ルーティンに安住することなく，制度によって与えられた目的から逸脱することが求められるからである」と述べる[42]。

　このように，澤邉［1998］は，制度化パースペクティブを用いて「脱歴史化」や「速すぎる歴史化」を指摘するものである。これは，澤邉［2005］にも引き継がれて，数多くの会計と呼ばれる現象を自らの枠組みの中で説明していくことになる。特に，澤邉［1998; 2005］は，批判会計学や欧米批判会計学の成果も積極的に包摂しながら理論を構築していくので，我々の研究とも親和性が高いといえる。

　しかしながら，本書は，澤邉［1998; 2005］よりも歴史的な観点に立つという点が大きな違いといえるのかもしれない。それゆえ，澤邉理論は，会計の歴史過程におけるストーリーよりも会計の個別論点におけるイデオロギー戦略を捉えるところに重点があるといえよう。したがって，我々がイデオロギーを検討する際に重要になるのは，その相互作用における偶然性というべきものであろう。澤邉理論と我々は，「社会は政治，イデオロギーや経済等の諸要素が絡み合って現象する[43]」という重層的決定という概念において共通しているが，その偶然性を強く意識するという点において異なっている。経路依存性が重要に

41　澤邉［1998］201頁。
42　澤邉［1998］194頁。
43　今野［2011］207頁。

なるのは，イデオロギーによって会計と呼ばれる現象の偶然性が消去されているということにあると推定される。

では，どのように会計と呼ばれる現象の偶然性が消去されているかを示せばよいのだろうか。この点については，澤邉理論同様に制度主義の影響を受けている藤井［2007］が参考になろう。

藤井［2007］は，比較制度分析の枠組みを用いて制度変化の会計学を検討しようとするものである。ただし，経路依存性に該当する事象は，会計学内部でも存在するとともに[44]，「既知の会計事象の再解釈のみを目的とした比較制度分析の援用は，基本的に行わない」ことを制約条件としている[45]。それゆえ，会計学における過去の歴史や解釈を吸収しようとする本書の立場とは違いがあることを付言しておかなければならない。

我々が注目するのは，アメリカ市場におけるルール設定が経験的証拠にもとづかない形で進められており，「市場を守る」という信念にもとづいておこなわれてきたことを指摘する部分である[46]。藤井［2007］は，ルール設定者たちの信念の働きを，下図とともに，次のように指摘している。

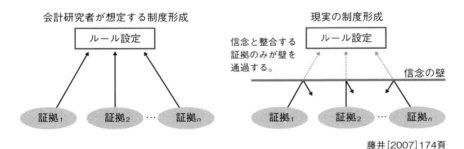

藤井［2007］174頁

図表8-1　経験的証拠とルール設定の関係

44　藤井［2007］17頁。
45　藤井［2007］12頁。
46　藤井［2007］172-185頁。

「ルール設定者たちの信念が経験的証拠の前に壁のごとく立ちはだかり，実証研究の成果のルール設定への作用を阻んできたのである。信念の壁を通過しうるのは信念と整合する経験的証拠（事実）のみである。信念の前に事実は無力である。…中略…実証研究の隆盛や手法的洗練はむしろ，実証研究の本質的な無用性ないし無力性を証明するものでしかないという逆説的な解釈さえ成り立つことになろう[47]。」

このようなイデオロギー的信念は，どのように形成されているのだろうか。まず，藤井[2007]は，信念が現実から創発するはずであるが，信念の形成メカニズムを明らかにしようとすると無限後退に陥ると指摘する[48]。これは，合理化・正当化戦略が働き，reason of chain という状態になっているからである。藤井[2007]は，特定の主張が信念の壁を通過するのかを明らかにするために，無限後退を回避させるメカニズムを明らかにしようとする。

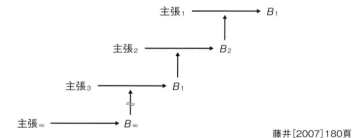

藤井[2007]180頁

図表8-2　信念の形成メカニズムをめぐる考察の無限後退

47　藤井[2007]174-175頁。
48　「信念は，それが現実世界において経済主体の究極的な行動規範として作用している以上，何らかかの形で現実（事実）と関連しているはずである。そのかぎりで，信念は現実から『創発』(emerge)するものと考えられる。しかし，信念は現実から創発するという想定のもとに，信念それ自体の形成プロセスを直接解明しようとすると，無限後退に陥る。（藤井[2007]179頁）」

藤井［2007］は，限定合理性のもとでは，単純明快な主張が科学的な主張よりも受け入れられやすいことを指摘するとともに，それを比較制度分析で明らかにしている。こうした分析は，信念の働きのひとつを明らかにするものではあると考えられる。ルール設定者は，市民や公衆や市場参加者の状況を意識して，単純明快な教えを終始し，市民や公衆や市場参加者も薄々気づきながらも気づかないフリをしているものであった。すなわち，イデオロギー的な信念は，ゲームの均衡として存在するという理解になろう。

　しかしながら，我々の説明では，上記の無限後退問題を断ち切る方法はそれだけではない。Žižek（鈴木訳［2000］）は，Pascalの主張を利用しながら，「唯一の真の遵法は，『外的』な遵法である。確信にもとづいた遵法は真の遵法ではない[49]」と述べる。「それは，それが『理解不能』である限りにおいて，『指令』に従うことである[50]」。イデオロギーとは，ルール設定者や市民や公衆が確信したのではなく，理解不能もしくは誤解だからであり，その形式こそがイデオロギー態度として現れるのではないだろうか。それゆえ，ルール設定者は，経験的証拠を無視し，公衆は会計や監査を信頼し続けてきた一面があるのではないだろうか。

　以上まとめれば，信念[51]は，制度変化を引き起こす形式を有しており，最初

49　鈴木訳［2000］60頁。
50　鈴木訳［2000］61頁。
51　「信念なるものはけっして心の奥底に『秘められた』もの，つまり純粋に精神的な状態ではなく，つねにわれわれの現実的な社会活動の中に具体化されるということだ。信念は，社会的現実を規定している空想を支えているのだ（鈴木訳［2000］58頁）。」「われわれのいう『社会的現実』とは，究極的に倫理的構成物である。それは，ある種の『あたかも……のように』に支えられている（われわれは，あたかも官僚制の全能を信じているかのように，あたかも大統領が人民の具現化であるかのように，共産党が労働者階級の客観的利益の表現であるかのように，行動する）。その信念（ここでふたたび思い出さねばならない。信念は絶対に『心理的』レベルで捉えてはならない。それは社会的領域の実際的機能の中に具現化・具体化されているのだ）が失われるやいなや，社会的領域の全体構造そのものが崩壊してしまう（鈴木訳［2000］59頁）。」

の偶然を隠蔽する形で，無限後退を回避すると考えることができる。Žižek（鈴木訳[2000]）は，次のようにイデオロギー形式について述べている。つまり，無限後退にしろ，無限後退の回避にしろ，最初の偶然を自分自身に隠したいからである。

「イデオロギーにとってもっとも重要なのはその形式である。つまり，われわれが一定の方向にどこまでも真っ直ぐ歩きつづけるということ，ひとたびわれわれの心がそう決めたら，どんなに疑わしい意見にも従うということ，である。だが，このイデオロギー上の態度は，『本質的に副産物であるような状態』としてしか達成されない。イデオロギー的主体，すなわち『森で迷った旅人たち』は，『その方向を彼らに選ばせたものが最初はたんなる偶然にすぎなかったかもしれない』という事実を，自分たち自身にたいして隠さなければならない。自分たちの決断はじゅうぶん根拠がある，それは自分たちを目標へと導いてくれる，と信じ込まなければならないのだ。真の目標はイデオロギー的態度そのものの一貫性である，ということに彼らが気づいた瞬間，効果は自滅する。明らかに，イデオロギーは，目的は手段を正当化するという，イエスズ会的倫理にたいする一般的な考え方とは，まったく正反対にはたらくのである[52]。」

ここからわかるとおり，イデオロギーは，主体の偶発性を隠し，そしてある種の一貫性を主体に与えるということであろう。それゆえ，イデオロギーの効果は，主体がイデオロギー的態度の一貫性に気づいた瞬間に消滅してしまう。それゆえ，会計と呼ばれる現象におけるイデオロギーを分析するにあたっても，会計の概念に関する歴史的考察が重要になると思われる。特に，イデオロギーがその偶然を主体から隠してしまうこと，それは同時にイデオロギーが

---

52 鈴木訳[2000]133-134頁。

「主体形式そのものの生産[53]」をおこなう瞬間ともいえるであろう。

5. お わ り に

　本章では,「理念の偶然性」「歴史意識の偶然性」「相互作用の偶然性」という3つの観点から経路依存性の源泉となる偶然性について検討してきた。

　まず,「理念の偶然性」とは,人の意識を離れ,共振化した理念が偶然性の源泉になっているという理解であった。Weber＝大塚史学は,Northや千葉[1980]などに影響をもたらし,さらに多くの会計研究に派生的な影響を与えているだろう。会計の生み出す言説が言葉通りの意味から乖離あるいは接近していくことが重要になろう。

　「歴史意識の偶然性」とは,歴史家が過去を認識しようとする意識（歴史意識）から偶然性をサルベージするという理解であった。その方法は,「脱歴史化」という傾向に対して敏感に反応し,歴史的叙述を通じて初期条件を明らかにすることであった。しかしながら,会計史研究は,「速すぎる歴史化」や誤認が真理を生み出すプロセスに対して弱いところがあることを確認した。

　「相互作用の偶然性」とは,主体から主体の偶発性を隠し,そしてある種の一貫性を主体に与えるという理解であった。澤邉[1998; 2005]は,制度化パースペクティブを用いて,「脱歴史化」や「速すぎる歴史化」を指摘し,藤井[2007]は,会計基準を巡る信念メカニズムにおける「無限後退の問題」をとりあげている。我々は,イデオロギーの発現と消滅を丁寧に取り上げながら,最初の偶然性にあたる部分に稚拙であっとしても考察を向けていかなければならないであろう。

53　Eagleton[2007] p.148（大橋訳[1999] 311頁）.

結章　歴史的経路依存性と会計研究

1. はじめに

　社会科学では一般化というものが行われるのに対して，歴史研究では特殊化が行われているということがよくいわれる[1]。なぜなら，「歴史家は，絶対的な因果関係ではなく，偶発的な因果関係の存在を信じる[2]」からである。そういう意味では，歴史的経路依存性とは，「偶然的な因果関係」が重要な役割を果たすことを強調する。しかしながら，「偶然的な因果関係」をどのように会計研究において記述していくべきであろうか。

　たとえば，NorthやGriefにもとづけば，制度は，ある種の自己強化メカニズムをもっており，それらは合理的選択を阻み，社会的アイデンティティを形成して再生産される。その結果として，制度の経路依存性，すなわち「ある過程の始まりの小さな出来事がその終わりには大きな違いを生むということ[3]」が生じることになる。したがって，制度は，その歴史的文脈における「初期条件

---

[1]　たとえば，戸部・寺本・鎌田・杉之尾・村井・野中［1991］でもものの見方やアプローチの仕方をめぐって，組織論専攻と歴史専攻で論争が生じている（13頁）。
[2]　浜林・紫田訳［2004］84頁。
[3]　浜林・紫田訳［2004］105頁。

に敏感に依存すること」を示す[4]。

しかしながら，こうした諸説では，そのイデオロギーは中立的な存在である。従来，日欧米の批判会計学で明らかにされたような「合理化」「正当化」「普遍化」「自然化」といった指向性のある戦略に対して無防備である。また，歴史的経路依存性から生まれる偶然性についても物語のあるものにならないだろう。さらに，偶然性の起源は，透明であればあるほどに，どこまでも辿れるので，イデオロギー的な認識とはならずに霧散してしまう。

本書は，このような問題意識をもとに，中村[2004]の解釈を再改定する作業として，準備された。結章では，各章を整理して本書の全体像を提示するとともに，今後の展望についても明らかにしたいと思う。

2．各章のまとめ

第1部では，日本および欧米の批判会計学のレビューをするにあたっての基本的な仮説群をEagleton[2007]の研究から引き出すことにした。

第1章では，Eagleton[2007]のイデオロギーに関する定義にまつわる議論を紹介し，会計学の概念観との整合性を試みる考察をおこなった。会計学内で学説をレビューすることも重要だが，会計学が想定している概念を通じた比較にも可能性があることが示唆された。とくに，第2部・第3部で考察した日欧米の批判会計学の考察に当たっては，Eagleton[2007]の整理方法が当時の状況に埋没しまっているものを浮かび上がらせてくれた。

第2章では，Eagleton[2007]のイデオロギー戦略にまつわる議論を紹介し，会計学内における概念作用の記述との整合性を試みる考察を行った。そして，イデオロギー戦略は，すでに既存研究にも用いられている可能性が高いことを

---

[4] 浜林・柴田訳[2004]103頁。

確認した。しかし，Eagleton［2007］は，日欧米の批判会計学におけるイデオロギー作用を整理するとともに，新たな視覚を提供する可能性がある。とくに，本書のキーワードである「脱歴史化」と「速すぎる歴史化」は，我々の経路依存性や偶然性の考察を基礎づけるものになろう。

第2部および第3部では，第1部のEagleton［2007］のイデオロギーに関する考察を用いて，日欧米の批判会計学のレビューを行いながら第1部の検証・考察を行った。

第3章では，Eagleton［2007］の考え方にもとづいて，日本の批判会計学を概括するとともに，宮上理論と中村理論を取り上げた。宮上理論と中村理論では，会計が搾取関係を合理化することでは共通しているが，そのプロセスが異なる。これは，両理論のイデオロギーに対する見方が異なることに起因していることを意味した。しかしながら，宮上理論は，経済還元主義に，中村理論は，階級意識主義にとらわれており，人間がイデオロギー（会計）に対して，なぜ受動的になるのか，どのようにしてなるのかが明らかにされていない。

第4章では，第3章で指摘された問題に対して，批判会計学がどのように対応してきたかを，津守理論と山地理論を用いて明らかにした。その結果，批判会計学の理論的変遷は，①イデオロギーを中立的にも用い，②イデオロギーの戦略を絞って捉え，③主体というものを中心におきつつも，そのすべてを主体に還元せずに考えることを示唆していた。こうした議論を進めるためには，利害や言説ではなく，言説の効果について検討を要するだろう。

第5章では，本章では，欧米批判会計学（Critical Accounting）の準備的考察として，ニュートラル・イデオロギーとクリティカル・イデオロギーに依拠した会計研究を俯瞰した。その結果，ニュートラル・イデオロギーとクリティカル・イデオロギーの区分は，①特定状況下においてイデオロギー的なことがらを語るために必要だったものであり，②イデオロギーが語っている内容よりも，その状況や原因などに焦点を当てる必要性を高め，③攻撃性や排除性のあ

結章　歴史的経路依存性と会計研究　167

るイデオロギーを慎重に扱う必要性を示唆していた。

　第6章では，欧米批判会計学を，「社会的真実とイデオロギー」，「主体性とイデオロギー」，「言説とイデオロギー」として取り上げて考察した。その結果，イデオロギーは，①その概念作用の変化や移ろいに注目するべきであり，②具体的な会計問題レベルにおいて，③会計言説を通じて，主体をどのように構築していくかを捉えるべきであろうことが示唆された。とくに，イデオロギーが主体化に果たす機能に注目すべきであろう。

　第4部では，第1部から第3部までの考察にもとづき，「脱歴史化」と「速すぎる歴史化」が偶然性の源泉になっていると論じた。また同時に，我々の研究と既存研究の描き方についての距離間を記述するように努めた。

　第7章では，前章までの考察で得られた知見を用いて，イデオロギーへの接近方法を定め，その記述方法として，「脱歴史化」と「速すぎる歴史化」を提唱した。その結果，イデオロギー分析は，①偶然性を基調としたパースペクティブを構築することを促進し，②過去の消去・連環を通じて，その他の可能性を消去するプロセスを検討し，③歴史が奪われる原因に注意を振り向けるために役立つことを明らかにした。

　第8章では，既存研究が「偶然性」をどのように発見し，その原因をどのように解釈してきたのかということを，3つの視点から明らかにした。すなわち，人の意識を離れ，共振化した理念が偶然性の源泉になっているという理解（「理念の偶然性」），歴史家が過去を認識しようとする意識（歴史意識）から偶然性をサルベージする理解（「歴史意識の偶然性」），主体から主体の偶発性を隠し，そしてある種の一貫性を主体に与えるという理解（「相互作用の偶然性」）であった。以上の結果，我々は，イデオロギーの発現と消滅を丁寧に取り上げながら，最初の偶然性にあたる部分を歴史的叙述的に描いていかなければならないであろう。

3. 今後の研究課題

　我々の研究対象は，会計に関わる理論・制度・実務であるがゆえ，それらを動かしうるイデオロギー戦略であるといえる。そして，歴史的経路依存性を発見するためには「脱歴史化」と「速すぎる歴史化」がヒントになる。その原因の一部が「普遍化」「自然化」などのイデオロギー戦略にあることは間違いないであろう。すなわち，「観念や信念が特定の時間や場所や社会集団に固有のものである」ことを肯定あるいは否定することによって，観念や信念，会計学でいえば概念・公準・原則・基準・会計処理の正当化が完遂しうる。

　「脱歴史化」と「速すぎる歴史化」は，経路依存の最大の問題点である無限後退問題を回避させることができる。なぜなら，「脱歴史化」と「速すぎる歴史化」は，無限後退を特定の時間や場所や社会集団から分離する，あるいは特定の時間や場所や社会集団に収束させる。その結果，無限後退の鎖がなんらかの形で断ち切られるからである。たとえば，「強制収容所」というイメージをホロコーストやファシズムの産物に帰そうという試みは，強制収容所がイギリスで生まれ，第二次世界大戦中においてアメリカにもあったことから目をそらそうとする試みでもある[5]。すなわち，Cooper[1995]や山地[2000]が会計学で指摘するように，ある解釈が他の解釈を消去してしまうのである。

　このようなイデオロギーの働きは，会計諸現象においても，中立的にも批判的にも用いることができる。

　たとえば，中村[2004]では，研究開発費会計やソフトウェア会計における資産計上を検討した。現在の会計基準をみればわかるとおり，研究開発費の資産計上は，いわば利益操作の象徴というイメージが与えられている。これは，

5　鈴木訳[2000]81頁。

1960年代以降，特定の企業群が経営活動の矛盾をしのぐために研究開発費の資産計上を濫用し，さらに会計基準の変更でさえも特定の企業群の有利になるように図られていた。そのイメージが普遍化・自然化することで，会計基準上の資産計上には，厳しい制限あるいはそのものの否定がおこなわれることになる。逆に，ソフトウェア会計は，研究開発費の資産計上の影響を受けたわけであるが，利益操作のイメージを研究開発に帰すことで，製造原価としての資産計上を達成した。

経路依存の影響は，研究開発費会計やソフトウェア会計における資産計上にもみられるように，「脱歴史化」と「速すぎる歴史化」によってコントロールされうる。このコントロールが道徳的あるいは不道徳的におこなわれるかという規範的な問題はあるにせよ，一定程度の切断がおこなわれうる。その結果，諸現象の合理化・正当化が達成しうる。もちろん，このような操作が経済的利害にもとづいておこなわれている可能性が高いが，かならずしもそういうわけではない可能性もある。

他の例としては，中村［2009ab: 2012］で明らかにした利益の質という議論があたる。当初，利益の質 (quality of income) は，とある財務アナリストが企業の財務諸表分析の一種に対してつけた名前であった。この分析手法自体は，キャッシュ・フローの特殊な分析があるにせよ，アメリカ以外の国でも用いられている一般的なものであった。ところが，利益の質という議論が広まるにつれて，会計基準・GAAP・キャッシュ・フロー計算書の設定根拠にもなり，さらには現在では実証研究の基礎的概念となった。このように，利益の質という議論は，多くの過程を経ることで「正当化」をおこなう概念となったのである。

当初は，概念自体が経済的利害と疎遠なところからはじまったものでも，経済的利害と深くむすびついていくことがありうる。キャッシュ・フロー計算書の制定過程では，「利益の質」という議論は，概念フレームワークと結びつく

ほどの概念となり，現在では「利益の質」の議論が会計基準の成否を決定するほどの議論になっているといっても過言ではない。この場合，当初の「利益の質」の議論は，ある一定程度において切断されており(たとえば，利益の質が1960年代の注目の暴落にともなって注目を浴びる等)，その結果としてさまざまな概念が並列するということになる。澤邉[2004]が述べるように，対立概念まで含むような議論になってしまったのはそのせいであるといえる。ここには，イデオロギーのキルティング作用[6]が顔をのぞかせている。

そして，利益の質は，企業が会計基準の選択肢をもちいて利益操作をおこなうというイメージが普遍化・自然化されており，さらにいえば選択肢のうち質の悪い処理があるという前提までつくられるようになる。この結果，質の悪い処理を排除していくことまでもが示唆されるようになる。利益の質という議論は，単なる企業の財務諸表分析の名前から会計基準改革の旗印という形に変遷していく。ここで重要なことは，Eagleton[2007]がManheimの議論から明らかにしたように，「何が語られているかではなく，だれが，誰にいかなる目的で語るか[7]」ということである。

すなわち，利益の質のイデオロギー性は，財務アナリストや会計学者や会計基準設定者や企業の担当者や公認会計士などのさまざまな人の認識を経て，概念そのものが一人歩きしていく過程にある。利益の質が生まれた背景が「脱歴史化」によって奪われ，そして，利益の質の議論自体が「速すぎる歴史化」によって同じような議論があることを隠されてしまう。実際，利益の質の議論自体，旧来からいわれるような保守主義や持続可能性と同義である以上，利益の質の概念そのものには意味がないように思う。もし意味があるとすれば，イデオロギー的な意味合いだけであろう。そして，その役割のひとつは「主体化」にあるといえる。

---

6 鈴木訳[2000] 137-140頁。
7 大橋訳[1999] 237頁。

その一方，会計関連主体に対してある特定の行動を志向するような，会計の理念や概念が枯渇すれば，会計学全体に停滞するのも事実である。これは現在社会において規範が大きく攻撃されるようになるとともに，目的と手段を離れて考えることが難しくなってきたからである[8]。そこで，「脱歴史化」と「速すぎる歴史化」をもちいて利益の質に付随する歴史をコントロールして，新しい理念が会計のすべてをかえることができるように振舞えるような操作が行われる。その結果，多くの会計関連主体が利益の質という議論によって主体化されて，実践的行動をとることができるようにするのである。

したがって，経路依存は，「脱歴史化」と「速すぎる歴史化」によるイデオロギー性でコントロールされうる。そして，この効果があるからゆえに，会計の概念があたかも会計を変化させたようにみえる。逆に，この効果がなければ，我々は会計に対して無気力なままになってしまうので，理論を用いて実践を合理化・正当化するのである。したがって，批判会計学のように脱歴史化した概念を当時の歴史的状況（特に経済的利害）に還元すればよいというわけではない。

4. お わ り に

歴史的経路依存性は，最初の偶然を消去するというイデオロギーに大きく影響を受けるといえる。イデオロギーは，その形式をもってイデオロギー主体の偶発性を隠し，そしてある種の一貫性を主体に与える。それゆえ，イデオロギーの効果は，イデオロギー主体がイデオロギー的態度の一貫性に気づいた瞬間に消滅してしまう。それゆえ，会計におけるイデオロギーを分析するにあたっても，会計の概念に関する歴史的考察が重要になると思われる。特に，イ

8　小林訳［2005］153頁。

デオロギーがその偶然を主体から隠してしまうこと，それは同時にイデオロギーが「主体形式そのものの生産」をおこなう瞬間ともいえるであろう。

Harootunian[1989]が『みえる言説，みえないイデオロギー』の中で述べるように，「もはやイデオロギーは，社会的なものについて語る言説として，人間あるいは社会の本質についてコメントする必要がなくなったのだから[9]」と述べるように，イデオロギーが明確な形で議論されることが少なくなった。会計学においても同様の傾向にあろう。しかし，それは，イデオロギーがなくなったことまでを意味するものではない。むしろ，言説の背後に隠れて「閉止―完結性（クロージャー）」という特殊効果という形で実現されているがゆえに，イデオロギーという言葉を使って表現しなくなっただけに過ぎない。

Cooper[1995]の会計言説の「閉止―完結性」や宮上[1979]のいう「その用語どおりの言説に意味がある」というコトバが捉えるように，会計学は，財務報告や会計基準等のルールが言説のとおりに実務化されるどうかに執着するだけでなく，別のところに意味があるかを考えることも重要になろう。イデオロギーの合理化戦略・正当化戦略は，その根源の残滓を比喩的・暗喩的に示すだけのもでしかない。そして，言葉の指示対象とその意味が乖離していく過程において，イデオロギーはその役割を演じている。

したがって，会計の思想もまた，内田[2011]がLevinasの考察から見出しように，「『同じ名』で呼ばれているもののうちにつねに『おのれを示すもの』と『おのれを示さないもの』が同時に含まれ」ている[10]。本書の宮上[1959]の例でいえば，保守主義は，債権者保護や一般株主保護の観点からの財政状態の過

9　カツヒコ・マリアノ・エンドウ編・監訳[2010]224頁。
10　内田[2011]73頁。「『同じ名』で呼ばれているもののうちにつねに『おのれを示すもの』と『おのれを示さないもの』が同時的に含まれる。『何か』が記号的代理表象を経由しておのれを示すということは，おのれを直接的には示さない，ということであり，まさにこの「おのれを直接的に把握できるような仕方では示さない」ものがあるがゆえに，『それ』を記号的に名指す運動が始まるのである」

結章　歴史的経路依存性と会計研究　173

小計算原理という意味，企業者の観点からの配当と税の軽減を示す原理という意味である。前者は，保守主義の本来の姿を示すものであり，後者は保守主義の本来の姿を示していないこと（戦後日本における引当金実務等）が暗示されている。

　しかし，その乖離現象を非難することが会計学の役割ではない。中村［1992］がMarx主義を実践に積極的な哲学として述べるように，「理論のもつ空理空論化という陥し穴を批判して，実践を積極的に理論のうちに取り入れようとした[11]」ところを評価すべきである。これからは，その理論を独自の学域内に収めるのではなく，日常の実践として活用すべきであった。いやしくも，内田［2011］が述べるように，「むしろ，『同じ名』が一義的に同定しえないという『サスペンス』を生産的な契機として受け容れることを私たちに求めている[12]」のである。

　結章では，研究開発会計・ソフトウェア会計にしても，利益の質の議論にしても，「同じ名」で呼ばれているにもかかわらず，「おのれを示すもの」と「おのれを示さないもの」が同時含まれていたことを指摘してきた。研究開発費会計・ソフトウェア会計では，資産か費用か，研究開発費か製造原価かで激しい攻防があったし，利益の質の議論は，当時の財務アナリストが財務諸表分析から財政状態の赤信号を見出した時の状況と比べるとはるかに意味が多様化している。今後は，イデオロギーを非難するのではなく，その原因にこそ注意をする必要があるだろう。

11　中村［1992］61頁。
12　内田［2011］73頁。

参　考　文　献

Bourguignon A., A. Malleret and H. Nǿrreklit [2004] "The American Balanced Scorecard Versus the French Tableau De Bord: Ideological Dimension," *Management Accounting Research* Vol.15, No2, pp.107-134.
Carr, E. H. [2001, *What is History? [Reprinted with a new introduction]* Palgrave Macmillan. (清水幾太郎訳 [1962] 『歴史とは何か』 岩波書店)。
Cooper, C. [1995] "Ideology, Hegemony and Accounting Discourse: A Case Study of the National Union of Journalists," *Critical Perspectives on Accounting*, Vol.6, No.3, pp.175-209.
Cooper, D. [1980] "Disscusion of Towards a Political Economy of Accounting," *Accounting Organization and Society*, Vol.5, No.1, pp.161-166.
Eagleton, Terry [2007] *Ideology: An Introduction (New and Updated Edition)*, Verso, original edition published in 1991 by Verso (大橋洋一訳, [1999], 『イデオロギーとは何か』平凡社).
Ferguson, J., D. Collison, D. Power and L. Stevenson [2009] "Constructing meaning in the service of power: An analysis of the typical modes of ideology in accounting textbooks", *Critical Perspectives on Accounting*, Vol.20, No.8, pp.896-909.
Frankfurter, G., and E., McGoun [1999] "Ideology and the theory of financial economics," *Journal of Economics Behavior & Organization*, Vol.39, pp.159-177.
Gray, R. [1988] "Towards a Theory of Cultural Influence on the Development of Accounting Systems Internationally," *ABACUS*, Vol.24, No.1, pp.1-15.
Harootunian, H. D. [1989] "Visible Discourses/Invisible Ideologies," in Miyoshi, M. and H. D. Harootunian eds., [1989], *Postmodernism and Japan*, Duke University Press.
Laughlin, R. [1999] "Critical Accounting: Nature, Progress and Prognosis," *Accounting, Auditing & Accountability Journal*, Vol.12, No.1, pp.73-78, Fleischman, R. ed., [2006], *Accounting History*, Volume 1, SAGE Publications pp.97-102.
Lehman, C. [1992], *Accounting's Changing Role in Social Conflict*, Marrkus Wiener Publishing, Inc. (岡本治雄訳, [1996], 『現代会計の社会的役割』 中央経済社)。
Loft, A. [1986], *Understanding Accounting in its Social and Historical Context: The Case of Cost Accounting in Britain 1914-1925*, Center for uddannelsesforskning.

Mäkelä, H. [2013] "On the ideological role of employee reporting" *Critical perspective on Accounting*, Volume 24, Issues 4-5, pp.360-378.

Neimark, M., [1992], *The Hidden Dimensions of Annual Reports*, Markus Wiener Publication.

North, D. C. [1981] *Structure and Change in Economic History*, W. W. Norton & Company, Inc (中島正人訳, [1988], 『文明史の経済学』春秋社).

North, D. C. [1990] *Institutions, Institutional Change and Economics Performance*, Cambridge University Press (竹下公視訳, [1994], 『制度・制度変化・経済成果』晃洋書房).

Sunder, S. [2010] "Research for Accounting Policy", Presentation in Information, Markets and Organizations Conference at Harvard Business School (June 10-11, 2010).

Tinker, A. [1980] "Toward a Political Economy of Accounting: An Empirical Illustration of the Cambridge Controversies," *Accounting Organization Society*, Vo.5, No.1, pp.147-160.

Tinker, A., B. Merino and M. D. Neimark [1982] "The Normative Origins of Positive Theories: Ideology and Accounting Thought," *Accounting Organization Society*, Vol.7, No.2, pp.166-200.

Tinker, T., T. Puxty [1995] *Policing Accounting Knowledge: The Market For Excuses Affair*, Paul Chapman Publishing.

Thompson, J. B. [1990] *Ideology and Modern Culture*, Polity Press.

Watts, R. and J. Zimmerman [1978] "The demand for and Supply of Accounting Theories: The Market for Excuses," Tinker, T., T. Puxty, [1995], *Policing Accounting Knowledge: The Market For Excuses Affair*, Paul Chapman Publishing, pp.19-63.

Watts, R. and J. Zimmerman [1979] "The demand for and Supply of Accounting Theories: The Market for Excuses," *The Accounting Review*, pp.273-306.

青山秀夫[1950]『マックス・ウェーバーの社會理論』岩波書店。

新谷司[2011]「解釈会計学・フーコー主義会計学・マルクス主義会計学に関与方法」『日本福祉大学経済論集』第42号169-206頁。

今野晃[2011]「理論とその外部―初期アルチュセールの理論的位相とその転回―」『社会学評論』第62巻，第2号，207-223頁。

今村仁司・三島憲一・鈴木直訳[2005]『資本論　第一巻（上）』筑摩書房。

岩井紀子・岩井八郎訳[1995]『多文化社会―違いを学び共存への道を探る―』有斐閣

(G. Hofstede, [1991], *Culture and Organizations: Software of the Mind*, McGraw-Hill international (UK) Limited)。
内田樹［2002］『寝ながら学べる構造主義』文藝春秋。
大石桂一［2000］『アメリカ会計規制論』白桃書房。
大石桂一［2015］『会計規制の研究』中央経済社。
大塚久雄［1966］『社会科学の方法』岩波新書。
大塚久雄・生松敬三訳［1972］『宗教社会学論選』みすず書房。
岡野浩［2002］『日本的管理会計の展開』中央経済社。
岡野浩・國部克彦・柴健次監訳［2003］『社会・組織を構築する会計』中央経済社 (Hopwood, A. and P. Miller ed., [1994], *Accounting as Social and Institutional Practice*, Cambridge University Press)。
岡部孝好［2003］『最新会計学のコア』森山書店。
小栗崇資［2014］『株式会社会計の基本構造』中央経済社。
小栗崇資［2015］「簿記・会計史の理論的相対化―批判会計学の研究視点から―」『会計史学会年報』第33号23-39頁。
大日方隆編著［2012］『金融危機と会計規制』中央経済社。
笠井昭次［2009］『現代日本会計学批判―評論に関する類型論的検討―Ⅰ』笠井昭次先生古希記念論作集編集委員会。
片岡信之［1973］『経営経済学の基礎理論―唯物史観と経営経済学―』千倉書房。
カツヒコ・マリアノ・エンドウ編・監訳［2010］『歴史と記憶の抗争―「戦後日本の現在」―』みすず書房。
栗原百代訳［2010］『ポストモダンの共産主義―はじめは悲劇として、二度めは笑劇として』ちくま新書。
黒澤清・松尾憲橘［1981］『体系近代会計学14理論会計学』中央経済社。
河野健二・田村俶・西村長夫訳［1994］『マルクスのために』平凡社。
國部克彦［2013］「経済活動と計算実践」『神戸大学大学院経営学研究科ディスカッションペーパーシリーズ2013-24』神戸大学大学院経営学研究科。
小林章夫訳［2005］『アフター・セオリー―ポストモダニズムを超えて』筑摩書房 (Eagleton, Terry, [2003], *After Theory*,)。
向坂逸郎訳［1969］『資本論（一）』岩波文庫。
澤邉紀生［1998］『国際金融規制と会計制度』晃洋書房。
澤邉紀生［2005］『会計改革とリスク社会』岩波書店。
篠原三郎・片岡信之［1973］『批判的経営学』千倉書房。
清水泰洋［2005］「会計史を巡るヒストリオグラフィー：レビュー」『国民経済雑誌』第192巻，第1号，83-97頁。

清水幾太郎訳［1962］『歴史とはなにか』岩波新書（Carr, E. H., [1961], *What is History?, The George Macaulay Trevelyan lectures delivered in the University of Cambridge*）。

陣内良昭［1991］「英米批判会計学の理論的課題―会計研究における問題設定を中心として―」『産業経理』第50巻，第4号，118-126頁。

鈴木晶訳［2000］『イデオロギーの崇高な対象』河出書房新社（Žižek, S., [1989], *The Sublime Object of Ideology*, Verso）。

鈴木義夫・千葉修身［2015］『会計研究入門―会計はお化けだ！―』森山書店。

高寺貞夫［1984］「イギリス批判会計学派の方法論」『経済論叢』第134巻第5・6号 1-17頁。

田中章義［1976］「宮上一男氏の会計理論―その系譜と批判的検討―」『東京経済大学会誌』第96号 79-131頁。

田中章義［1997］「戦後日本における会計学と政治(1)―批判会計学の形成―」『東京経済大学会誌』第202号 103-123頁。

千葉準一［1980］『会計の基礎構造』森山書店。

千葉準一［1994］「日本会計制度史研究の視角」合崎堅二・若杉明・河野正男編『現代社会と会計』中央経済社。

千葉準一［1998］『日本近代会計制度―企業会計体制変遷―』中央経済社。

千葉準一［1998］『株式会社会計』中央経済社。

全　在紋［2015］『会計の力』中央経済社。

津守常弘［1962］『配当計算原則の史的展開』山川出版社。

津守常弘編［1990］『現代社会と経営・経済指標』海鳥社。

津守常弘［2002］『会計基準形成の論理』森山書店。

徳賀芳弘［2010］『IFRSへの日本の制度的対応―規範的アプローチからの提言―』『會計』第177巻第5号 9-22頁。

富永健一訳［1975］「経済行為の社会学的基礎範疇」尾高邦雄編［1975］『世界の名著 ウェーバー』中央公論社。

徳永恂訳［2007］『啓蒙の弁証法』岩波書店。

戸部良一・寺本義也・鎌田伸一・杉之尾孝生・村井友秀・野中郁次郎［1991］『失敗の本質―日本軍の組織論的研究』中公文庫。

中野常男［1992］『会計理論生成史』中央経済社。

中野常男・清水泰洋編著［2014］『近代会計史入門』同文舘出版

中村恒彦［2004］「会計基準の経路依存―研究開発費会計・ソフトウェア会計を中心として―」，『神戸大学大学院経営学研究科博士論文』。

中村恒彦［2005a］「日本における研究開発費会計の経路依存」『国民経済雑誌』第192

巻　第1号，119-134頁。
中村恒彦[2005b]「第二次世界大戦下における研究開発費会計史」，『会計史学会年報』第23号，51-64頁。
中村恒彦[2007]「SFAS No.2公開草案とその背景―軍需企業規制としての側面―」『桃山学院大学経済経営論集』第48巻，第4号，169-199頁。
中村恒彦[2009a]「利益の質に関する一考察―アメリカ研究開発費会計とソフトウェア会計を通じて―」『桃山学院大学経済経営論集』第50巻，第4号，1-37頁。
中村恒彦[2009b]「利益の質とSFAS No.95―FASBのquality of income―」『會計』第176巻，第6号，96-110頁。
中村恒彦[2012]「利益の質とSFAS No.95―基準設定における意見表明を通じて―」『會計』第181巻，第6号，84-98頁。
中村萬次[1953]『簿記学概論』税務経理協会。
中村萬次[1969]『会計政策論』ミネルヴァ書房。
中村萬次[1984]「『資本主義会計学』批判の方法」松本剛・西村明編著『会計学の方法』ミネルヴァ書房，3-22頁。
中村萬次[2002]「会計史研究の方法」『会計史断章』萌書房，3-17頁。
中村雄二郎[1992]『臨床知とは何か』岩波書店。
中村雄二郎訳[2006]『知の考古学』河出書房新社。
西川長夫・伊吹浩一・大中一彌・今野晃・山家歩訳[2005]「イデオロギーと国家のイデオロギー諸装置―探求のためのノート」『再生産について』平凡社，319-378頁（Althusser, L., [1995], *Sur La Reproduction*, Universitaires de France）。
野村健太郎・平松一夫訳[1999]『国際会計入門〈第4版〉』中央経済社（Mueller, G., H. Gernon, G. Meek, [1999], Accounting: An Interntional Perspective, McGraw-Hill Companies, Inc.）。
長谷川宏訳[2000]『イデオロギーとしての技術と科学』平凡社（Habermas, J., [1968], Technik und Wissenschaft als >Ideology<, edition suhrkamp.）。
浜林正夫・紫田千薫子訳[2004]『歴史の風景』大月書店（Gaddis, J. L., [2002], The Landscape of History ―How Historian Map The Past―, Oxford University Press
速水融・穐本洋哉訳[1994,『西欧世界の勃興[増補版]』ミネルヴァ書房。
日高六郎訳[1951]「付録　性格と社会過程」『自由からの逃走』東京創元社　306-328頁（Fromm, E., [1941], *Escape From Freedom*）。
平井俊彦訳[1998]「物象化とプロレタリアート」『歴史と階級意識』未来社5-265頁。
平林喜博編著[2005]『近代会計成立史』同文舘出版。
平林喜博[2007]『会計史への道―一つの覚書―』関西学院大学出版会。
藤井秀樹[2007]『制度変化の会計学―会計基準のコンバージェンスを見すえて』中央

経済社。
藤田昌也［2012］『会計理論のアポリオ』同文舘出版。
松尾憲橘編［1981］『体系近代会計学ⅤⅥ　理論会計学』中央経済社。
松尾精文ほか訳［2004］『社会学［第四版］』而立書房（Giddens, A., [2001], *Sociology*, [Fourth edition] Polity Press）。
真鍋明裕［2003］「ドイツにおける会計基準の国際的統一化の新展開とその制度的意義―民間会計基準設定主体の正当性をめぐって―」『経済論集（京都大学）』第171巻 第5・6号, 27-44頁。
萬成博・安藤文四郎［1984］『経営文化の国際比較●多国籍企業の中の国民性』産業能率大学出版部（G. Hofstede, [1980], *Culture's Consequence*, SAGE Publications）。
宮上一男［1955］「国民科学としての会計学」『経営研究』17・18号, 215-233頁。
宮上一男［1959］『企業会計制度の構造』森山書店。
宮上一男［1966］『企業会計の理論』森山書店。
宮上一男［1969］『企業会計の基礎』森山書店。
宮上一男［1979］『会計学本質論』森山書店。
森田典正訳［1998］『ポストモダニズムの幻想』大月書店（Eagleton, Terry, [1996], *The Illusions of Postmodernism*, Blackwell）。
山地秀俊［1994］『情報公開制度としての現代会計』同文舘出版。
山地秀俊［2000］「情報公開現象分析のための方法論的基礎―大衆へのイデオロギー発信と大衆のアイデンティティ形成―」神戸大学経済経営研究所『経済経営研究年報』第50号, 89-124頁。
山地秀俊［2003］「会計学説と主体形成」神戸大学経済経営研究所『経済経営研究年報』第53号, 63-102頁。
山地秀俊［2007］「会計学と社会構築主義―ポストモダン思想は批判の基礎なりうるか―」『会計理論学会年報』第21号, 11-20頁。
山地秀俊［2010］「今, もう一度会計の本質を考える―歴史からのアプローチ―」『會計』第177巻 第5号, 23-36頁。
山地秀俊［2012］「日本の会計制度の変遷と『近代化』概念の再検討―西洋式複式簿記・アメリカ証券市場会計そしてIFRS―」『国民経済雑誌』第205巻第6号1-28頁。
山地秀俊・鈴木一水・梶原晃・松本祥尚［1994］『日本的企業会計の形成過程』中央経済社。
山田康裕［2009］「IASBの正当性」『会計制度の成立根拠とGAAPの現代的意義―中間報告―』日本会計研究学会スタディ・グループ, 31-48頁。
吉見宏［2007］「会計理論の需要と発展―制度批判から理論批判へ―」『会計理論学会

年報』第21号，1-10頁。
吉本隆明［1982］『新版改訂　共同幻想論』角川文庫。
渡邊泉［2008］『歴史から学ぶ会計』同文舘出版。

索　　引

あ行

アカデミズム ……………………… 123
アルチュセール（Althusser）……… 117

生きられた関係 ………… 21, 60, 68, 129
生ける経営学，死せる会計学 ……… 53
イデオロギー ……… 2, 9, 12, 56, 68, 92,
　　　　　　　　111, 123, 133, 138, 162, 165
イデオロギー戦略 ………………… 165
イデオロギー装置 ………………… 117
イデオロギーに外部はない ………… 74
イデオロギー分析 …………… 127, 140

Weber＝大塚史学 ………………… 141

欧米批判会計学（Critical Accounting）
　………… 7, 22, 79, 90, 95, 124, 131, 166

か行

会計現象 ……………………… 47, 55
会計言説 …… 78, 112, 114, 118, 125, 172
会計史研究 ………………………… 141
会計思考の唯物論 …………… 97, 98
会計政策 …………………………… 49
会計政治化 ………………………… 66
会計制度説 …………………………… 7

仮想現実（バーチャル・リアリティ）
　………………………………… 129
観念学 ……………………………… 12

企業者による隠蔽 ………………… 54
偽装化 ……………………………… 120
虚偽意識 ……………… 42, 45, 55, 93
虚偽的あるいは欺瞞的な信念 …… 20, 42
規律（discipline）………………… 108
キルティング作用 …………… 57, 170
近代会計学 ………………………… 22

偶然性 ……………… 1, 127, 140, 167
クリティカル・イデオロギー
　………… 81, 86, 90, 94, 124, 125, 166

経済現象 ……………………… 48, 55
計算技術 ……………………… 50, 55
経路依存 …………………… 13, 144, 171
経路依存性 ………………… 36, 158, 159
ゲームの均衡 ……………………… 161
原価計算 …………………………… 109
研究開発会計 ……………………… 173
研究開発費会計 …………… 142, 168
言語戦略 …………………………… 120
現実感 ……………………………… 44
言説 …… 6, 40, 60, 73, 75, 95, 115, 118, 167
言説分析 ……………………… 110, 111, 120

幻想 ………………………… 103, 120, 153

口実の市場 (market for excuses) … 101
行動の志向 ………………………… 28
行動を志向 ………………………… 26
公表会計制度論 ……………… 7, 39, 41
合理化 ……………………… 26, 29, 45
誤認 ………………………………… 154

さ行

財務諸表公開制度 ………………… 62, 63

自己誤認 …………………………… 75
自己同一性 ………………………… 152
自然化 ………………… 26, 33, 113, 117
支配的イデオロギー ……………… 17
支配的な社会権力の活動 ………… 18, 70
社会的経済的背景 ………………… 149
社会的現実 ………………………… 157
社会的真実 …………… 95, 96, 103, 167
社会の接着剤 ……………………… 117
重層決定 …………………………… 133
主体 ………………………………… 73
主体化 ………………… 72, 126, 133
主体形式そのものの生産 ……… 77, 163
主体性 ………………… 95, 107, 167
常識 ………………………………… 113
上部構造論 ………………… 7, 39, 41
上部構造論的 ……………………… 63
初期条件 ………………………… 153, 164
真実性の原則 ……………………… 51
信念 ………………………… 159, 161

神話 ………………………………… 63, 67
正当化 ………………… 26, 31, 120, 144, 169
正当性 ……………………………… 67
制度化パースペクティブ ………… 155
制度主義研究 ……………………… 142
世界観 ……………………………… 16, 24
世界像 ……………………………… 143

相互作用の偶然性 ……………… 163, 167
疎外 …………………………… 44, 69, 77
ソフトウェア会計 ………… 142, 168, 173

た行

対抗的イデオロギー ……………… 17
脱構築 ……………………………… 115, 118
脱歴史化 ………………… 34, 37, 127, 130,
　　　　　　　　　134, 147, 149, 167, 168
タブロー・ドゥ・ボード ………… 87
単一性の原則 ……………………… 51
断片化 ……………………………… 120

中立性／批判性 …………………… 133

津守理論 … 61, 77, 107, 116, 131, 147, 166

統一化 ………………………… 26, 27, 117
党派的利害関係の促進と正当化 … 17, 70

な行

中村理論 ………………… 49, 55, 58, 64, 166

ニュートラル・イデオロギー
　………… 81, 82, 84, 86, 89, 94, 125, 166
人間の非人間化 ……………………… 53
認識 ……………………………………… 2

年次報告書 ………………………… 104

は行

速すぎる歴史化
　…… 34, 37, 127, 130, 134, 153, 167, 168
バランスト・スコアカード ……… 87, 88

比較制度分析 …………………… 159
引当金制度 ……………………… 135, 136
批判会計学 ……………… 7, 22, 131, 166

ブーメラン効果 ……………………… 130
複式簿記 ……………………… 145, 148
複式簿記機構 …………………… 146
物象化 ………… 50, 52, 55, 120, 146
普遍化 ………………… 26, 32, 117
フリーライダー ……………………… 154
文化 …………………………… 15, 24

閉止―完結性（クロージャー）
　………………… 112, 114, 125, 172
ヘゲモニー概念 ……………………… 111

簿記の合理性そのものの非合理 ……… 54
保守主義 ……………… 135, 136, 173
ポスト構造主義 ……………………… 111
ポストモダン会計学 ……………… 5, 22

ま行

マクロ会計政策 ……………………… 49

宮上理論
　…… 45, 55, 58, 64, 76, 80, 98, 116, 166
民主主義 …………………… 64, 65, 70

無限後退 ………… 128, 130, 139, 160

物語化 …………………………… 121

や行

山地理論 ……… 68, 77, 117, 131, 157, 166

有機的知識人 ……………………… 111
宥和化的支持獲得機能 ……………… 69

予断 …………………… 64, 101, 124, 125

ら行

リアリティ ……………………… 8, 116
利益操作 ………………………… 169
利益の質 ……………………… 169, 173
理念の偶然性 ………………… 163, 167

歴史意識 ………………………… 150
歴史化 ……………………… 128, 139
歴史性 …………………………… 133
歴史的経路依存性 ……… 2, 164, 168, 171
歴史的叙述研究 ………………… 133

歴史認識の偶然性……………… 163, 167

論理実証主義………………… 67, 83

わ行

歪曲と捏造の操作………………… 19, 42

〈初出一覧〉
　本書のもとになった初出論文と各章の関係は以下のとおりである。各章には大幅な加筆・修正を施している。

[序章・第8章・結章]
　書下ろし

[第1章・第2章]
　2010年「会計学のイデオロギー分析に向けて―Eagleton [2007] によるイデオロギーの定義と戦略を通じて―」『桃山学院大学経済経営論集』第52巻, 第3号, 1-28頁。

[第3章・第4章]
　2012年「批判会計学とイデオロギー―宮上理論から山地理論まで―」『桃山学院大学経済経営論集』第53巻, 第4号, 7-43頁。

[第5章・第6章]
　2013年「Critical Accountingの方法論に関する一考察―イデオロギーの見方―」『會計』第183巻, 第4号, 92-106頁。
　2014年「Critical Accountingとイデオロギー―欧米批判会計学のイデオロギーの見方―」『環太平洋圏経営研究』第15号, 37-71頁。

[第7章]
　2015年「会計学と偶然性―イデオロギーへの接近方法―」『會計』第187巻, 第3号, 73-85頁。

あ と が き

　「イデオロギーという言葉に対するイデオロギーがある。」おそらく，私が会計学を志すようになってから気づき始めたのはそういうことであろう。会計とイデオロギーについての関係は，学生時代から会計制度の歴史を学習する中で幾度となく考察した。ところが，そのことを語ることに対して，不条理なイデオロギーをかいま見てきた。その原因を想像することは難くないが，なんとかして「イデオロギー」という言葉を使いたいという夢があったように思う。博士論文ではなく，本書を先に出版したいと思うようになったのは，それが私の研究者の原点であったのかもしれない。

　実際のところ，過去十数年余り，日本国内の会計学内において「イデオロギー」という言葉を使うことは大変勇気が必要なことであったと思う。ここ10年間，多くの先生方から何度もイデオロギーという言葉を使わないようにアドバイスされたし，また使うに際しても徹底的に慎重な姿勢が必要であることを学んだ。おそらく最も無難な使い方は，科学的真理や経験的事実の伴わない迷信や信条のことを指す，あるいは経済的合理性では説明しきれない現象（たとえばフリーライダーを防ぐ信念）を残渣のように説明することであろう。

　しかしながら，私は，会計とイデオロギーについて，不思議な関係を感じていたし，幾人かの会計研究者がそれを言語化していることに気づいていた。できることならば，それを論文として書いてみたい。その気持ちが山地秀俊先生のゼミ生である存在理由なのだろう。実際のところ，山地先生は，イデオロギーという言葉を慎重かつ大胆に使うことを許してくれ，私が感じていながら言葉にできないモノをたくさん言語化してくださった。同時に，山地先生がそうした題材を必然的に触れることの多い会計の歴史へと導き，中野常男先生の

研究会に参加させていただいたことも大きい。

　2000年当時，日本国内においてイデオロギーという言葉を使うことにはまだまだ抵抗が合ったように思う。そういう状況にも関わらず，神戸大学は，私のような異端の存在でもその自由な学風のもとで受け入れ，最先端の研究環境において育ててくださった。神戸大学の優秀な先輩たち・同級生たち・後輩たちに多くの刺激をいただいたことに深く感謝をしている。

　本書は，多くの方々との交流の産物でもある。私の博士論文を読んだ先生方はたくさんのコメントをしてくださった。また，会計学サマーセミナーin九州では同じ問題意識と苦悩を持つ方々と出会い，様々な議論を深めることができた。さらに，日本の批判会計学について色々と教えてくださる先生方，イデオロギーという言葉が頻繁に使われる海外のCritical Perspective on AccountingやそのConferenceを勧めてくださる先生方などにも支えられていた。1人1人のお名前をあげることはできないが，本書はそうした先生方のおかげで刊行することができた。

　今，あらためて振り返ってみると，いくつもの他者の思いについて思い出す。たとえば，昔の会計学は，会計学「学」としていたことを教えてくださった方がいる。それでいくと，本書は会計学「学」の学ぐらいになってしまうのかもしれない。また，私が既存研究ばかりをつなぎ合わせていないか，他人の意見ばかりに左右されて自分の意見がないのではないか，と教えてくださった先生がいる。そういった感想を聞いていると，本書にどれだけの意味があるのか，とかなり疑問に思ってしまう。

　しかしながら，ひとつだけの救いがあったとすれば，大学院時代の先輩が自らの出版に際して示唆してくれたことである。「本は研究したことを忘れるために書くんだよ」というような内容だった。私は，自分の研究に対して，ずっと諦めたり，忘れたりできずにいたのかもしれない。なぜならば，私が，もっと高い理想や目標を持っていて，それが絶対にかなわないとわかっているのに

求め続けていたからであろう．だから，出版から逃げ続けてきたのではないかと感じて，出版を決意した．

　さいごに，自らが行った行為を次のように総括しておきたい．出版とは，作者にとって忘れることであり，読者にとって思い出すことなのかもしれない．とある先生が，人が考えることのほとんどすべて過去に誰かが考えているとおっしゃった．ところが，山地先生は，誰かが思い出させてあげないと，みなが忘れてしまうとおっしゃった．どちらも鋭い指摘だと感じているが，その意味はここにあるのかもしれない．主観的な意味を軸としつつも，客観的な価値がわずかでもあることを期待したい．

著者紹介

中村恒彦(なかむら　つねひこ)

1999年3月　大阪経済大学　経済学部　経済学科　卒業
2004年3月　神戸大学大学院　経営学研究科　修了

2003年4月　桃山学院大学　経営学部　経営学科　助手
　　　　　　その後，専任講師・講師をへて，2007年10月より准教授。現在に至る。
2010年9月より1年間　在外研究員として英国バッキンガム大学へ留学。

　　主要著書
(単著)
2005年「日本における研究開発費会計の経路依存」『国民経済雑誌』第192巻，第1号
2009年「利益の質とSFAS No.95－FASBのquality of income－」『會計』第176巻，第6号
2012年「利益の質とSFAS No.95－基準設定における意見表明を通じて－」『會計』第181巻，第6号
(共著)
2002年　山地秀俊編著『マクロ会計政策の評価』神戸大学経済経営研究所叢書58号，「アメリカの研究開発費会計に関する一考察」
2007年　小林哲夫編著『文献研究：わが国1980年以降の会計学』桃山学院大学研究叢24号，「1980年以降における研究開発費会計に関する日本の財務会計研究のレビュー」

会計学のイデオロギー分析

2016年12月5日　初版第1刷発行

著　者　©中　村　恒　彦
発行者　　菅　田　直　文

発行所　有限会社　森山書店　〒101-0054　東京都千代田区神田錦町1-10林ビル
　　　　TEL 03-3293-7061　FAX 03-3293-7063　振替口座 00180-9-32919

落丁・乱丁本はお取りかえします　　印刷／製本・シナノ書籍印刷

本書の内容の一部あるいは全部を無断で複写複製することは，著作権および出版社の権利の侵害となりますので，その場合は予め小社あて許諾を求めてください。

ISBN 978-4-8394-2162-5